职业教育技能型人才培养“十二五”规划教材
国家级中等职业教育改革发展示范校建设项目成果
国家示范性中等职业学校汽车维修重点支持专业建设教材

汽车二级维护

主　编　华　杰
主　审　潘　峰

西南交通大学出版社
·成　都·

图书在版编目（CIP）数据

汽车二级维护 / 华杰主编. —成都：西南交通大学出版社，2013.8（2023.1 重印）
职业教育技能型人才培养“十二五”规划教材
ISBN 978-7-5643-2424-7

Ⅰ. ①汽… Ⅱ. ①华… Ⅲ. ①汽车－车辆修理－中等专业学校－教材 Ⅳ. ①U472

中国版本图书馆 CIP 数据核字（2013）第 152765 号

职业教育技能型人才培养“十二五”规划教材

汽车二级维护

主编 华 杰

责任编辑	孟苏成
助理编辑	罗在伟
封面设计	墨创文化
出版发行	西南交通大学出版社 （四川省成都市金牛区二环路北一段 111 号 西南交通大学创新大厦 21 楼）
发行部电话	028-87600564 028-87600533
邮政编码	610031
网址	http://www.xnjdcbs.com
印刷	四川玖艺呈现印刷有限公司
成品尺寸	185 mm × 260 mm
印张	7
字数	137 千字
版次	2013 年 8 月第 1 版
印次	2023 年 1 月第 5 次
书号	ISBN 978-7-5643-2424-7
定价	32.00 元

成都交通高级技工学校
国家示范性中等职业学校汽车维修重点支持专业建设
教材编审委员会

主　任　陈昌辉

副主任　唐　勇

委　员　石　琳　陈沛林　周林福　赖　敏

潘　峰　王富强　廖新华　魏　倩

华　杰　黄光宇　寻显阔

秘　书　曾　嘉　冀　承

总序 GENERAL PREFACE

我国汽车工业的飞速发展，给汽车维修相关专业毕业生提供了广阔的就业空间和良好的发展前景，同时也对学校开展汽车维修相关专业教学提出了更高的要求。根据教育部、人力资源社会保障部、财政部《关于实施国家中等职业教育改革发展示范学校建设计划的意见》的要求，我们开展了国家示范性中等职业学校建设工作，将汽车维修专业作为重点支持专业开展了为期两年的建设。

通过走访成都市内具有影响力的汽车销售服务公司以及一汽大众、一汽丰田等汽车制造厂，我们完成了大范围的市场调研。在系统总结学校汽车维修专业建设和教学改革实践的基础上，构建了校企合作、工学结合的“1＋2＋2”人才培养模式。通过不断深化教学改革、创新教学模式，建立了基于工作过程的一体化课程体系，确立了任务驱动、项目引领教学方法的主体地位，把汽车维修行业典型工作任务与学校实践教学条件的实际情况相结合，并构建了“汽车发动机构造与维修”、“汽车电气设备构造与维修”、“汽车底盘构造与维修”、“汽车二级维护”等四门核心课程。

为保证教材质量，我们整合了四川省内中职、高职院校汽车专业及汽车企业的优质资源，由相关专家、教学骨干组成教材编审委员会，确保本套教材的编写质量满足“国示”建设的需要，同时希望本套教材的出版，可起到“抛砖引玉”的作用，为中职教改提供有益的借鉴，为我国职业教育的改革发展做出我们应有的贡献。

汽车维修重点支持专业建设教材编审委员会

2013 年 7 月

前言 PREFACE

《汽车二级维护》是国家中等职业教育改革发展示范学校建设项目汽车维修重点支持专业建设系列教材之一。全书共十个学习任务：一、车辆日常维护及外观检查；二、汽车发动机传动带及冷却系维护；三、汽车发动机润滑系维护；四、汽车发动机燃油系维护；五、汽车传动系维护；六、汽车转向系维护；七、汽车底盘行驶系维护；八、汽车底盘制动系维护；九、汽车电气设备主要零部件维护；十、汽车 20 000 公里保养工单。

本教材深入贯彻国家职业教育改革发展要求，紧贴我国中职教学改革的实际，紧扣我校汽车维修专业人才培养方案，具有如下特色：

一、以企业需求为基本依据、以就业为导向

教材编写以就业为导向，以能力为本位，能够满足企业生产需求，提高学生学习的主动性和积极性。

二、适应汽车技术发展，体现教学内容的先进性和前瞻性

教材关注我国汽车制造和维修企业的最新技术发展，准确把握教材内容，突出本专业领域的新知识、新技术、新工艺和新方法。每本教材结合专业要求，使学生在学习专业基本知识和基本技能的基础上，及时了解、掌握本领域的最新技术及相关技能，实现专业教材基础教学的基础性与先进性的统一。

三、以学生为主体、教师为主导，方便采用任务驱动教学法

教材强调学生学习的主动性和有效性，是帮助学生实现有效学习的重要工具，其核心任务是帮助学生学会怎样学习，如何工作。在学习与工作一体化的情境下，通过系统化的引导问题，引领学生完成一个个学习任务。每个学习任务将知识学习与技能操作有机地结合在一起，注重对学习目标和引导问题的设计，体现以学生为主体，强化学生的地位，给学生留下充分思考、实践与合作交流的时间和空间，让学生亲身经历观察、操作、交流、反思等活动过程。

四、教材具有可操作性和实用性

教材注重激发学生的学习兴趣，引导学生自主学习。教材编写中制作和拍摄了大量高质量的图片，减少了文字描述，提高了直观感受，符合学生的认知规律，具有很好的可操作性和实用性。

本教材由成都交通高级技工学校华杰、冀承、钟梁、杜康乐、郑夔理、曾祥编写。由华杰担任主编，由潘峰担任主审。

由于水平有限，时间仓促，书中难免有不足处，敬请教学单位在积极使用和推广本系列教材的同时，及时提出修改意见和建议，以便在再版修订时改正，在此表示衷心的感谢！

编　者

2013 年 5 月

目录

CONTENTS

学习任务一　车辆日常维护及外观检查

任务描述

➢ 按照专业水平对车辆进行检测，并对日常维护项目的结果和有关现象，进行判断，最后使用专业知识及标准流程来完成车辆的日常维护。

学习目标

➢ 知道车辆外观检查的步骤。

➢ 掌握汽车灯光的检查方法。

➢ 掌握汽车机油、冷却夜、蓄电池电压的检查方法。

➢ 掌握汽车外观的检查方法。

建议学时

➢ 2 课时。

学习内容

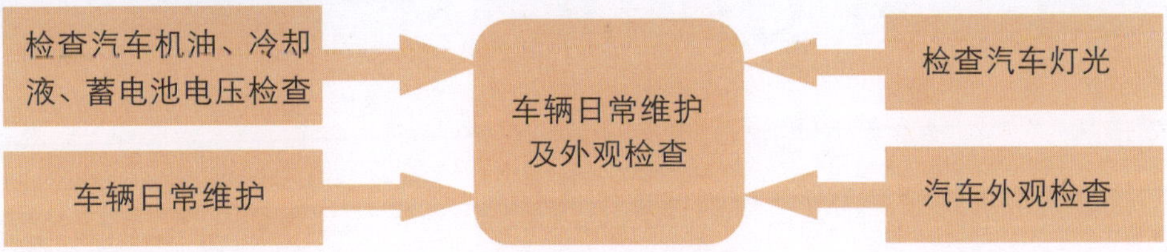

一、任务准备

引导问题 1：汽车蓄电池电压用（　　）进行检查。

A．万用表　　　B．百分表

C．量缸表　　　D．电流表

引导问题 2：查阅资料明确 5S 的含义，填写于表 1.1 中。

表 1.1　5S 的含义

5S	对应中文含义
Seiri	
Seiton	
Seiso	
Seiketsu	
Shitsuke	

引导问题 3：汽车检查机油油量时车辆应在（　　）位置上。

A．平坦路面　　　B．举升机举起

C．不平路面　　　D．无所谓

引导问题 4：检查喇叭的状态时，方向盘应转动在（　　）不同的位置上，按下喇叭都应有响声。

A．2 个　　　B．1 个

C．4 个　　　D．3 个

二、任务实施

引导问题 5：完成本任务，需要使用的工、量具有哪些？

表 1.2　工、量具名称及型号

工、量具名称	工、量具型号

引导问题 6：怎样对车辆外观进行检查？

操作步骤：

(1) 检查、清洁驾驶室内外各镜面与各挡风玻璃。

（2）如图 1.1 所示，检查车身外观、油漆和腐蚀情况。

图 1.1

- 是否有腐蚀现象?
- 是否有刮伤?

（3）如图 1.2 所示，检查雨刮器。

图 1.2

请在下列横线上写出检查雨刮器的项目及要求。

- ______________________________。
- ______________________________。
- ______________________________。
- ______________________________。

• ____。

• ____。

(4) 如图 1.3 所示，检查、润滑车门。

图 1.3

• 检查车门螺母和螺栓是否松动。(　　)

检查结果：____________________________。

• 润滑车门铰链。

处理意见：____________________________。

(5) 如图 1.4 所示，检查、润滑发动机罩。

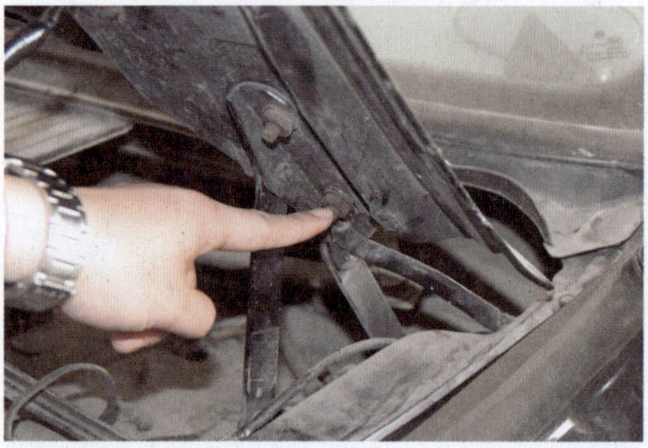

图 1.4

• 检查发动机罩连接是否松动。(　　)

检查结果：____。

处理意见：____。

(6) 如图 1.5 所示，检查灯光、信号状态。

图 1.5

请在下列横线中写出对检查灯光、信号状态的项目及要求。

- ____。
- ____。
- ____。
- ____。
- ____。
- ____。
- ____。
- ____。
- ____。
- ____。
- ____。

引导问题 7：怎样对车身内部检查?

操作步骤：

（1）如图 1.6 所示，检查喇叭的状态。

图 1.6

- 在方向盘转动在 3 个不同的位置时，按下喇叭应都有响声。

（2）如图 1.7 所示，检查雨刮器。

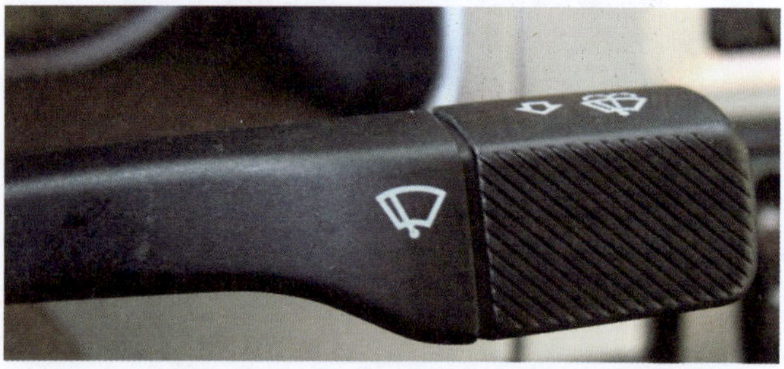

图 1.7

- 检查雨刮器开关位置，高速挡、低速挡、间歇挡都应联动正常。
- 关闭雨刮器时，雨刮片应回位。

（3）如图 1.8 所示，检查、调整后视镜、遮阳板。

图 1.8

（4）如图 1.9 所示，检查、调整前排座椅状态。

- 检查座椅螺母和螺栓是否松动。（　　）

处理意见：____。

• 座椅螺栓力矩为________N · m。

(5) 如图 1.10 所示，检查安全带。

图 1.9

图 1.10

• 检查安全带螺母和螺栓是否松动。(　　)

处理意见：____。

(6) 如图 1.11 所示，检查油门踏板操作情况。

• 检查油门踏板有无卡滞。

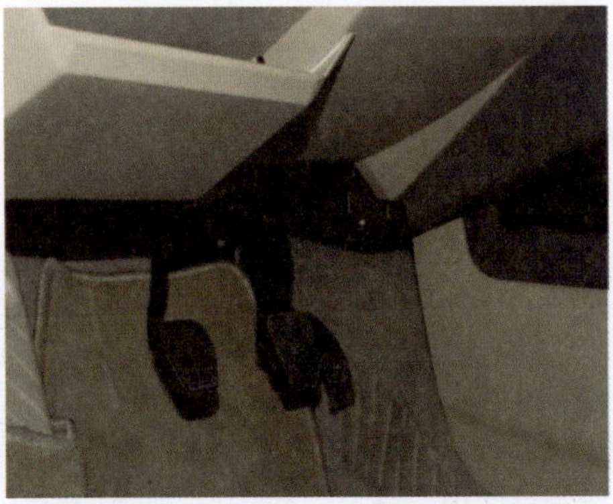

图 1.11

引导问题 8：怎样对发动机舱检查?

操作步骤：

(1) 如图 1.12 所示，检查发动机机油液位。

图 1.12

• 机油液位是否正常。（　　）

处理意见：____。

• 检查机油品质。

检查结果：____。

处理意见：____。

（2）如图 1.13 所示，检查发动机冷却液。

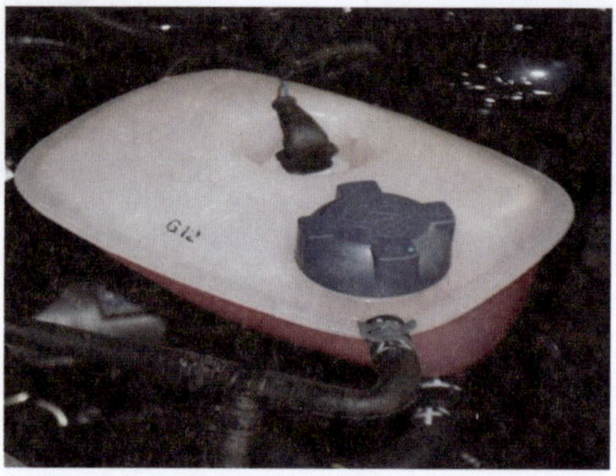

图 1.13

• 检查冷却液液位是否正常。（　　）

处理意见：____。

（3）如图 1.14 所示，检查风挡玻璃清洗液液位。

图 1.14

• 检查清洗液位是否正常。（　　）

处理意见：____。

（4）如图 1.15 所示，检查并清除散热器的污物，检查其他老化情况。紧固软管管箍。

（5）如图 1.16 所示，检查蓄电池。

图 1.15

图 1.16

• 测量电解液比重（单格）。

检查结果：____。

处理意见：____。

• 检查免维护蓄电池比重计显示情况。

检查结果：____。

处理意见：____。

（6）如图 1.17，检查制动液。

• 检查制动液液位高度情况。

检查结果：____。

处理意见：____。

• 检查制动储油罐泄漏。

检查结果：____。

处理意见：____。

（7）如图 1.18 所示，检查动力转向液。

图 1.17

图 1.18

• 检查转向液液位是否正常。(　　)

处理意见：____。

• 检查转向液储油罐是否泄漏。

检查结果：____。

处理意见：____。

三、评价与反馈

1. 任务实施考核成绩评定（表 1.3）

表 1.3　汽车车辆外观检查实作考核

考核项目及分值	考核内容	评分标准	评分记录
准备工作 10 分	清洁工量具及其工作台	(1) 未清洁工量具扣 5 分； (2) 未清洁工作台扣 5 分	
车身外观检查 30 分	(1) 正确检查雨刮和喷射位置； (2) 正确检查灯光； (3) 正确检查车门和发动机舱； (4) 正确检查全车各部件液体泄漏状态	(1) 未检查雨刮和喷射位置各扣 3 分； (2) 未检查灯光，漏检一项扣 3 分； (3) 未检查车门扣 3 分； (4) 未检查发动机舱扣 3 分； (5) 未检查各部件液体泄漏扣 5 分	
车辆内部检查 30 分	(1) 正确检查灯光、信号状态； (2)正确检查风挡玻璃除霜器工作状态； (3) 正确检查后视镜、遮阳板； (4) 正确检查油门踏板操作情况	(1) 未检查灯光、信号状态各扣 3 分； (2) 未检查风挡玻璃除霜器工作状态扣 5 分； (3) 未检查后视镜、遮阳板扣 5 分； (4) 未检查油门踏板操作情况扣 5 分	
发动机舱检查 20 分	(1) 正确检查发动机机油； (2) 正确检查冷却液； (3) 正确检查动力转向液； (4) 正确检查蓄电池液面高度或检查免维护蓄电池比重计显示情况	(1) 未检查发动机机油扣 5 分； (2) 未检查冷却液扣 5 分； (3) 未检查动力转向液扣 5 分； (4) 未检查蓄电池液面高度扣 5 分	
收尾工作 10 分	(1) 清洁工具、量具、工作台； (2) 工、量具应摆放整齐	(1) 未清洁扣 1～3 分； (2) 未摆放整齐扣 1 分	
考核时限	完成全部考核内容规定用时为 20 分钟	(1) 超时每分钟扣 5 分； (2) 超时 5 分钟即停止记分	

2. 任务过程评价与反馈（表 1.4 和表 1.5）

表 1.4　任务过程评价（教师填写）

考核项目	评分标准	分数	成绩	过程评价
劳动纪律	有无迟到、早退和旷工	5		
团队合作	是否和谐	5		
活动参与	是否精彩	5		
安全生产	有无安全隐患	10		
方案制定	是否正确	15		
操作过程	是否正确、熟练	30		
任务质量	是否圆满完成	5		
工具、设备使用	是否规范、标准	10		
工单填写	是否完整、规范	5		
现场 5s	是否做到	10		
总　分		100		

注：没有按照操作流程操作，出现人身伤害或设备严重事故，本任务考核结果为 0 分。

表 1.5　任务过程反馈（学生填写）

反馈内容	回答
你是否完成本学习任务，并得到老师的确认？	
你是否能准确有效地收集、分析和组织完成资料，正确地交流信息？	
你是否已经掌握预期的知识和必备的技能？	
你是否充分使用学习资源和按计划有组织地完成任务？	
操作完成水平： 上述表格中的项目应为肯定回答。若不是，应咨询老师。你可以要求附加相关活动，以便完成相关的操作技能。 教师签字：________________ 学生签字：________________ 完成日期：________________	

学习任务二　汽车发动机传动带及冷却系维护

任务描述

➢ 按照专业水平对汽车发动机传动带及冷却系进行检测，并对汽车发动机传动带及冷却系维护项目的结果和有关现象，进行判断，最后使用专业知识及标准流程来完成汽车发动机传动带及冷却系的维护。

学习目标

➢ 掌握汽车发动机传动带的调整方法。
➢ 知道汽车发动机传动带更换的要求。
➢ 知道拧紧力矩按标准操作的必要性。
➢ 知道汽车发动机冷却系的维护方法。

建议学时

➢ 8 课时。

学习内容

一、任务准备

引导问题 1：更换发动机传动带后，传动带上不能接触以下哪些？（　　）

A．汽油　　B．润滑脂

C．机油　　D．刹车油

引导问题 2：传动带在经过长期使用后会产生以下哪些现象？（　　）

A．龟裂　　B．剥离

C．脱落　　D．偏磨

引导问题 3：在对发电机传动带进行检查、调整、更换时应注意的是（　　）。

A．取下电瓶负极　　B．取下传动带罩盖

C．松开张紧轮　　D．取下传动带

引导问题 4：在对空调压缩机固定螺栓进行拧紧时，其力矩是（　　）N · m。

A．10　　B．20

C．30　　D．40

引导问题 5：在对张紧轮固定螺栓进行拧紧时，其力矩是（　　）N · m。

A．15　　B．25

C．35　　D．45

二、任务实施

引导问题 6：完成本任务，需要使用的工、量具有哪些？

表 2.1　工、量具名称及型号

工、量具名称	工、量具型号

引导问题 7：怎么样检查与调整发动机传动带?

操作步骤：

（1）如图 2.1 所示，检查传动带的张紧度。

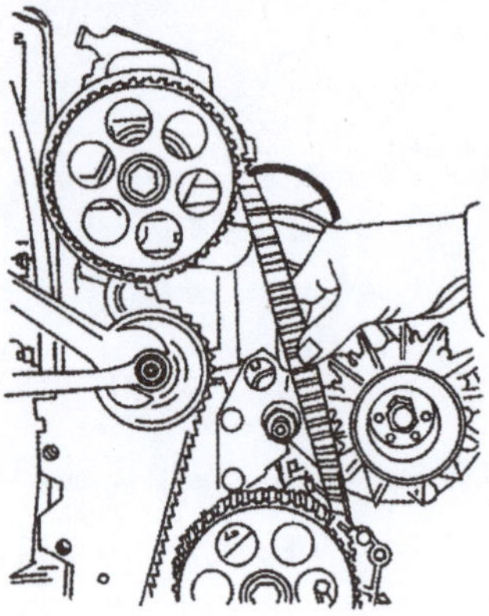

图 2.1

- 对皮带张紧度检查的方法及要求是什么?

____

____

注意事项：

当张紧轮出现异常的声音或不平稳以及摇摆时，说明张紧轮已经损坏，必须进行更换。

（2）如图 2.2 所示，检查传动带技术状况。

- 对传动带检查的要求是什么?

____。

- 在什么情况下应及时更换传动带?

____。

（3）如图 2.3 所示，张紧轮传动带的调整。

图 2.2

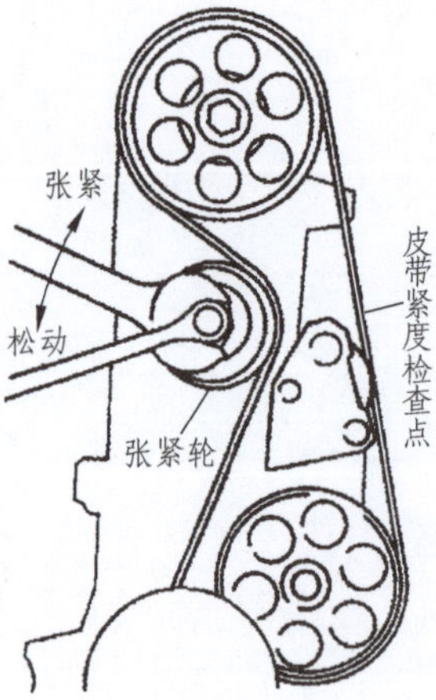

图 2.3

调整部位	张紧力矩	所用到的工具

引导问题 8：怎么样更换空调压缩机传动带?

操作步骤：

（1）如图 2.4 所示，断开电源。

• 需要断开蓄电池电源时，先断开蓄电池__________极，再断开蓄电池__________极。

（2）如图 2.5 所示，松开空调压缩机固定螺栓及调节螺栓。

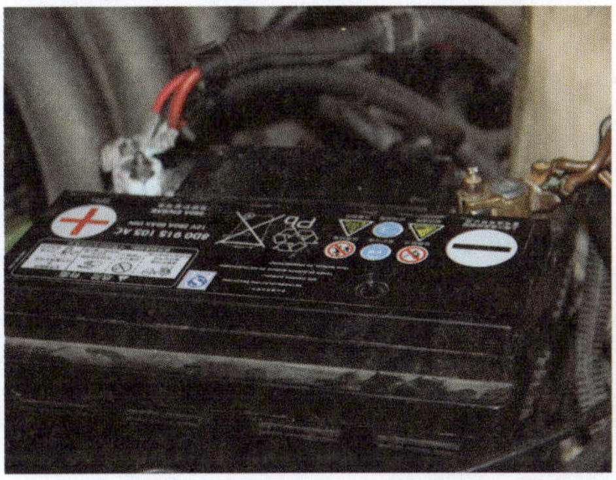

图 2.4

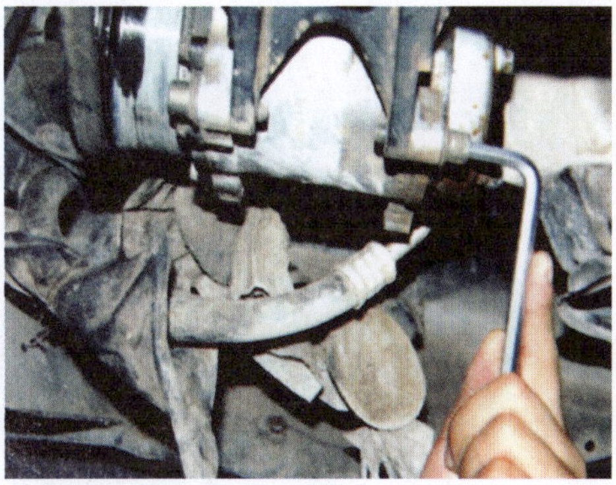

图 2.5

（3）取下空调压缩机传动带。

（4）如图 2.6 所示，安装新传动带。

（5）如图 2.7 所示，调整空调压缩机传动带。

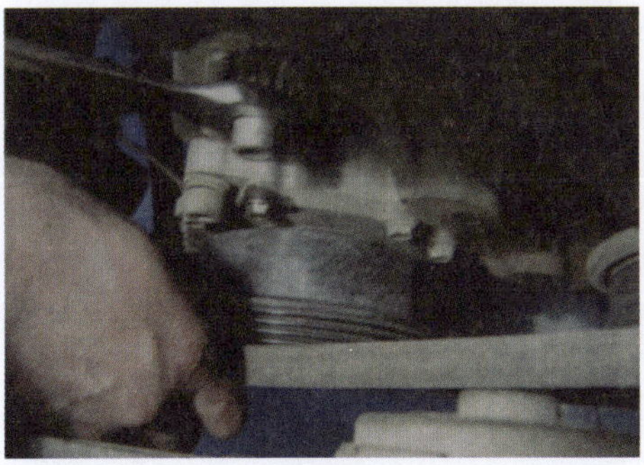

图 2.6

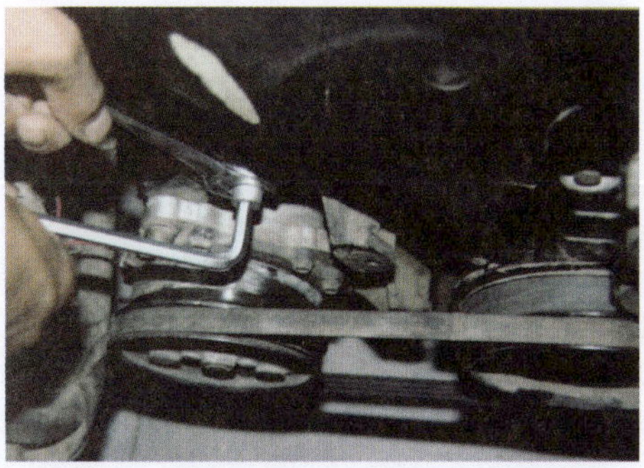

图 2.7

调整部位	张紧力矩	所用到的工具

（6）如图 2.8 所示，紧固空调压缩机螺栓。

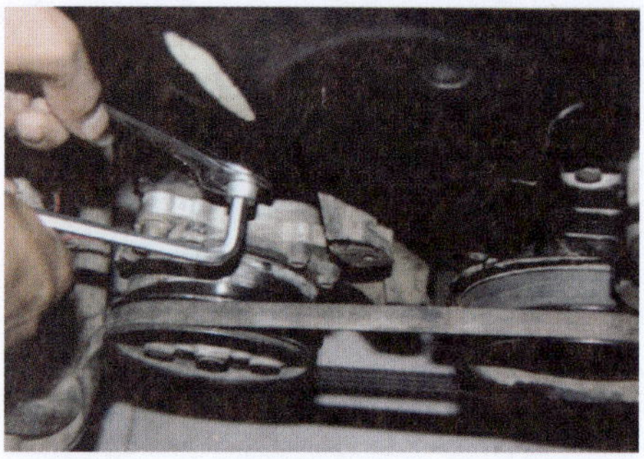

图 2.8

调整部位	力　矩	所用到的工具
紧固空调压缩机固定螺栓		
紧固空调压缩机调整螺栓		

（7）如图 2.9 所示，接上蓄电池负极。

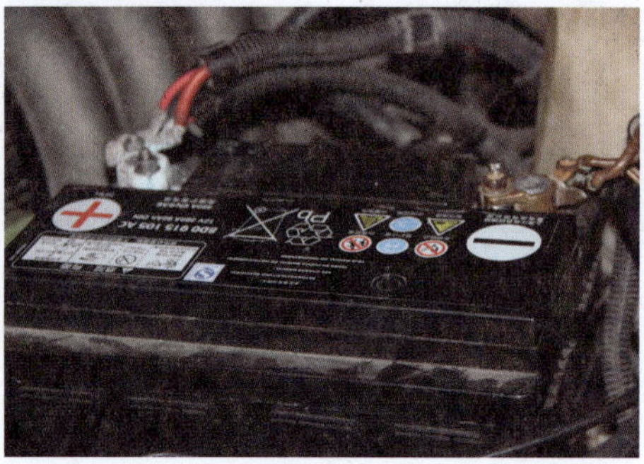

图 2.9

引导问题 9：怎样检查发动机部件螺栓力矩？

将发动机各传动部件检查所使用的工具和力矩填入下表：

部件名称		使用工具	标准力矩
发电机	固定螺栓		
	调整螺栓		
张紧轮螺栓			
凸轮固定螺栓			
曲轴正时皮带盘固定螺栓			
曲轴正时齿轮固定螺栓			
空调压缩机	固定螺栓		
	调整螺栓		
水泵固定螺栓			

引导问题 10：怎样进行冷却系维护？

操作步骤：

（1）如图 2.10 所示，冷却水位检查。

• 检查冷却水液面高度的要求是什么？

____

____。

（2）如图 2.11 所示，冷却水密度检查。

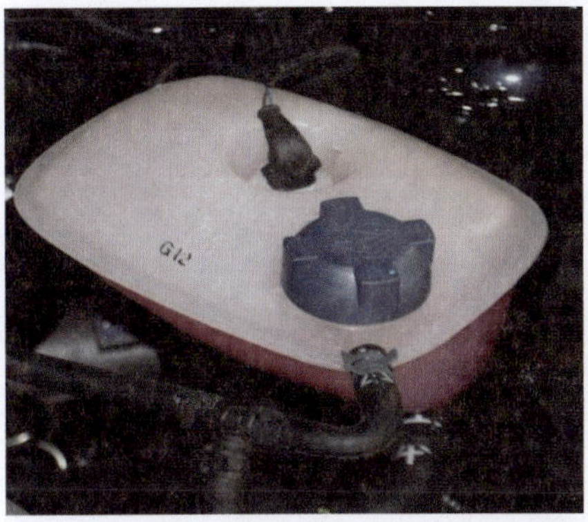

图 2.10

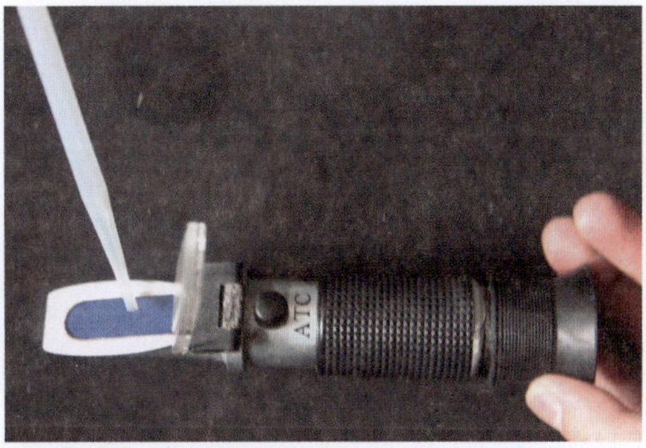

图 2.11

检查项目	检查结果		处理意见
	标准值	测量值	

（3）如图 2.12 所示，检查各管路是否有泄漏现象。

图 2.12

- 检查散热器周围连接管路有无漏水现象。
- 检查膨胀壶周围连接管路有无漏水现象。
- 检查水泵周围连接管路有无漏水现象。

三、评价与反馈

1. 任务实施考核成绩评定（表 2.2）

表 2.2　汽车发动机传动带及冷却系维护实作考核

考核项目及分值	考核内容	评分标准	评分记录
准备工作 10 分	清洁工量具及其工作台	（1）未清洁工量具扣 5 分； （2）未清洁工作台扣 5 分	
发动机传动带检查 30 分	（1）发动机传动带技术状况检查； （2）发动机传动带张紧力矩检查	（1）未检查裂纹扣 5 分； （2）未检查剥离扣 5 分； （3）未检查脱落扣 5 分； （4）未检查偏磨扣 5 分； （5）未检查张紧力矩扣 5 分	
发动机传动带更换 30 分	（1）正确拆卸发动机的传动带； （2）正确说出部件名称； （3）正确按照发动机传动带装配步骤操作	（1）未正确拆卸发动机的传动带一次扣 5 分； （2）未正确说出部件名称一次扣 2 分； （3）未正确按照操作步骤装配一次扣 5 分	
发动机冷却系的维护 20 分	（1）正确检查冷却系软管状况； （2）正确检查冷却系卡箍状况； （3）正确检查冷却液密度	（1）未检查冷却系软管状况扣 6 分； （2）未检查冷却系卡箍状况扣 6 分； （3）未检查冷却液密度扣 8 分	
收尾工作 10 分	（1）清洁工具、量具、工作台； （2）工、量具应摆放整齐	（1）未清洁扣 1~3 分； （2）未摆放整齐扣 1 分	
考核时限	完成全部考核内容规定用时为 20 分钟	（1）超时每分钟扣 5 分； （2）超时 5 分钟即停止记分	

2. 任务过程评价与反馈（表 2.3 和表 2.4）

表 2.3　任务过程评价（教师填写）

考核项目	评分标准	分数	成绩	过程评价
劳动纪律	有无迟到、早退和旷工	5		
团队合作	是否和谐	5		
活动参与	是否精彩	5		
安全生产	有无安全隐患	10		
方案制定	是否正确	15		
操作过程	是否正确、熟练	30		
任务质量	是否圆满完成	5		
工具、设备使用	是否规范、标准	10		
工单填写	是否完整、规范	5		
现场 5 s	是否做到	10		
总　分		100		

注：没有按照操作流程操作，出现人身伤害或设备严重事故，本任务考核结果为 0 分。

表 2.4　任务过程反馈（学生填写）

反馈内容	回答
你是否完成本学习任务，并得到老师的确认？	
你是否能准确有效地收集、分析和组织完成资料，正确地交流信息？	
你是否已经掌握预期的知识和必备的技能？	
你是否充分使用学习资源和按计划有组织地完成任务？	
操作完成水平： 上述表格中的项目应为肯定回答。若不是，应咨询老师。你可以要求附加相关活动，以便完成相关的操作技能。 教师签字：________________ 学生签字：________________ 完成日期：________________	

学习任务三　汽车发动机润滑系维护

任务描述

➢ 按照专业水平对汽车发动机润滑系进行检测，并对汽车发动机润滑系的维护项目的结果和有关现象，进行判断，最后使用专业知识及标准流程来完成汽车发动机润滑系的维护。

学习目标

➢ 掌握汽车发动机机油的更换。

➢ 掌握汽车发动机机油滤清器的更换。

建议学时

➢ 11 课时。

学习内容

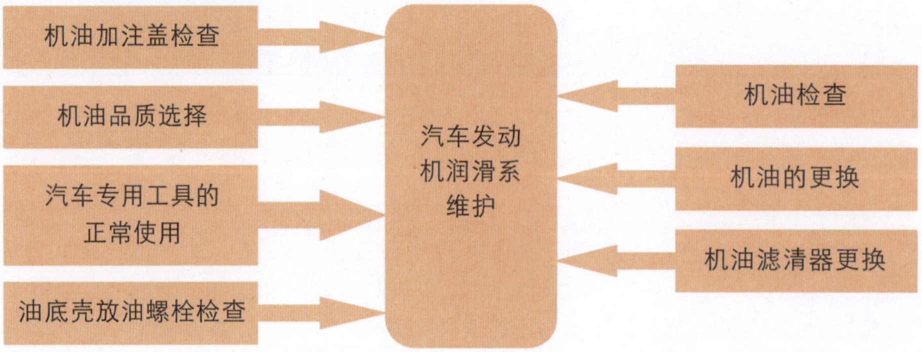

一、任务准备

引导问题 1：国产车辆在正常情况下，多少 km 需要更换机油？（　　）

A．3 000　　B．8 000

C．9 000　　D．7 000

引导问题 2：进口车辆在正常情况下，多少 km 需要更换机油？（　　）

A．5 000　　B．10 000

C．8 000　　D．15 000

引导问题 3：在机油尺上，MAX 和 MIN 各代表什么意义？（　　）

A．上限值、下限值　　B．最大值、最小值

C．最高值、最低值　　D．无意义

引导问题 4：汽车润滑系的作用有哪些？（　　）

A．润滑作用　　B．清洗作用

C．密封作用　　D．冷却作用

E．防锈蚀作用　　F．减震缓冲作用

G．液压作用

引导问题 5：检查发动机机油时，应把车停到平坦的地方，待发动机（　　）进行。

A．熄火后立即　　B．怠速

C．高转速时　　D．熄火 5 min 后

二、任务实施

引导问题 6：完成本任务，需要使用的工、量具有哪些？

表 3.1　工、量具名称及型号

工、量具名称	工、量具型号

引导问题 7：怎样更换机油？

操作步骤：

（1）如图 3.1 所示，机油更换准备。

- 松开机油加注口盖。
- 用毛巾盖住加注口。

图 3.1

（2）如图 3.2 所示，检查发动机是否漏油。

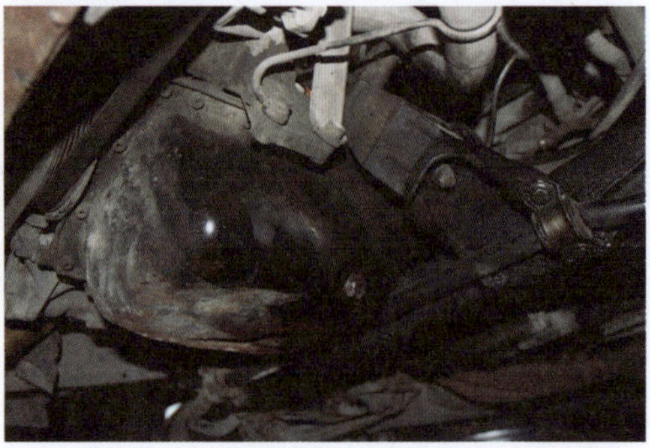

图 3.2

发动机主要检查部位有：__________、__________、__________、__________。

（3）如图 3.3 所示，排放机油。

图 3.3

- 准备好发动机机油回收机，拆卸排放塞和垫片，排放发动机机油。

(4) 如图 3.4 所示，拆卸机油滤清器。

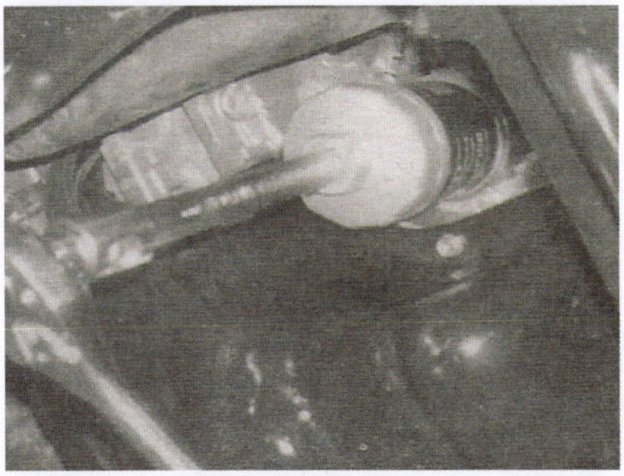

图 3.4

- 使用机油滤清器扳手拆卸机油滤清器。

(5) 安装机油滤清器。

- 轻缓地拧紧机油滤清器使其就位。

(6) 使用专用工具再次上紧 3/4 圈。

- 在新的机油滤清器密封胶垫上涂清洁的发动机机油。

(7) 安装机油排放塞。

- 安装装有新垫片的机油排放塞，使用力矩扳手将机油排放塞上紧至规定力矩。
- 安装机油排放塞前，应先更换新的垫片。

(8) 如图 3.5 所示，车辆下降。

图 3.5

- 注意下降过程中，保持车辆平稳、车下无人、无物。

车辆下降过程应注意：__________、__________、__________。

（9）如图 3.6 所示，加注机油。

• 加入 3.5 L 的机油。

图 3.6

（10）如图 3.7 所示，安装机油加注口盖。

图 3.7

（11）如图 3.8 所示，检查发动机机油液位。

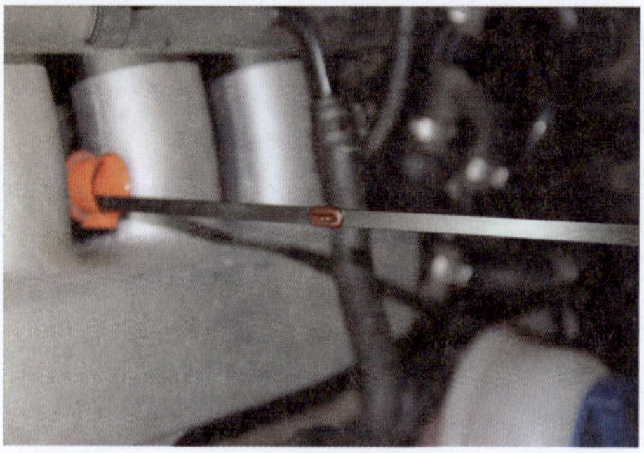

图 3.8

发动机预热运转 5 min 后，停止发动机运转。经过 5 min 或者更长时间后，使用机油尺检查发动机油液位，若不足，继续从机油加注口添加，确保液位位于规定的范围内。

三、评价与反馈

1. 任务实施考核成绩评定（表 3.2）

表 3.2　汽车润滑系维护实作考核

考核项目及分值	考核内容	评分标准	评分记录
准备工作 10 分	正确选取机油	未正确选取扣 2 分	
汽车润滑系机油更换 30 分	（1）机油加注口盖的正确归放位置； （2）加注机油时有无滴落现象； （3）机油的正确加注姿势	（1）未正确归放扣 2 分； （2）有滴落现象扣 5 分； （3）姿势错误扣 5 分	
汽车润滑系机油滤清器更换 30 分	（1）松卸机油滤清器的正确方式； （2）机油滤清器套筒的正确选择； （3）机油滤清器的正确更换	（1）松卸方式错误扣 5 分； （2）套筒选择错误扣 3 分； （3）更换错误扣 3 分	
机油更换的检查 20 分	（1）正确的使用机油尺检查机油位置； （2）正确查看机油是否泄漏	（1）使用错误扣 5 分； （2）遗漏检查扣 5 分	
收尾工作 10 分	（1）清洁工具、量具、工作台； （2）工、量具应摆放整齐	（1）未清洁扣 1~3 分； （2）未摆放整齐扣 1 分	
考核时限	完成全部考核内容规定用时为 20 分钟	（1）超时每分钟扣 5 分； （2）超时 5 分钟即停止记分	

2. 任务过程评价与反馈（表 3.3 和表 3.4）

表 3.3　任务过程评价（教师填写）

考核项目	评分标准	分数	成绩	过程评价
劳动纪律	有无迟到、早退和旷工	5		
团队合作	是否和谐	5		
活动参与	是否精彩	5		
安全生产	有无安全隐患	10		
方案制定	是否正确	15		
操作过程	是否正确、熟练	30		
任务质量	是否圆满完成	5		
工具、设备使用	是否规范、标准	10		
工单填写	是否完整、规范	5		
现场 5S	是否做到	10		
总　分		100		

注：没有按照操作流程操作，出现人身伤害或设备严重事故，本任务考核结果为 0 分。

表 3.4 任务过程反馈（学生填写）

反馈内容	回答
你是否完成本学习任务，并得到老师的确认？	
你是否能准确有效地收集、分析和组织完成资料，正确地交流信息？	
你是否已经掌握预期的知识和必备的技能？	
你是否充分使用学习资源和按计划有组织地完成任务？	
操作完成水平： 上述表格中的项目应为肯定回答。若不是，应咨询老师。你可以要求附加相关活动，以便完成相关的操作技能。 教师签字：________________ 学生签字：________________ 完成日期：________________	

学习任务四　汽车发动机燃油系维护

任务描述

➢ 按照专业水平对汽车发动机燃油系进行检测，针对检测的结果和有关现象，进行汽车发动机燃油系状态判断，最后使用专业知识及标准流程来完成汽车发动机燃油系的维护。

学习目标

➢ 掌握燃油管路接头封情况的检查。
➢ 掌握燃油滤清器的更换。
➢ 掌握空气滤清器的更换。
➢ 知道免拆清洗燃油系统的操作流程及方法。

建议学时

➢ 5 课时。

学习内容

一、任务准备

引导问题 1：空气滤清器在经过长期使用后应进行（　　）。

A．更换　　B．继续使用

C．清洁　　D．检查

引导问题 2：空气滤清器在经过长期使用后，可能会产生（　　）问题。

A．橡胶垫圈损伤　　B．变薄

C．形成孔洞　　D．堵塞

引导问题 3：对车辆进行燃油系统卸压时应先（　　）。

A．取下燃油泵保险丝　　B．取下喷油器保险

C．起动发动机　　D．取下汽油泵

引导问题 4：安装汽油滤清器时其箭头应朝向（　　）。

A．汽油流动方向　　B．油箱方向

C．排气管方向　　D．汽油流动相反方向

引导问题 5：对燃油系统拆分进行清洗时，清洗机应安装在（　　）。

A．回油管上　　B．进油管上

C．喷油器上　　D．汽油滤清器上

二、任务实施

引导问题 6：完成本任务，需要使用的工、量具有哪些？

表 4.1　工、量具名称及型号

工、量具名称	工、量具型号

引导问题 7：空气滤清器的检查与更换。

操作步骤：

（1）如图 4.1 所示，清理滤清器壳。

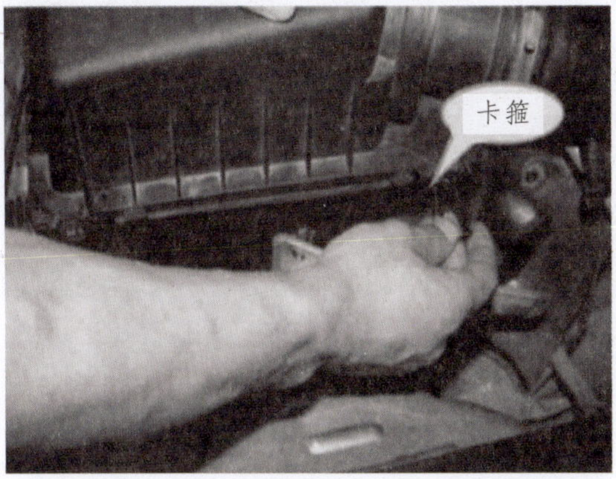

图 4.1

____

____。

注意事项：空气滤清器的安装方向。

（2）如图 4.2 所示，检查空气滤清器芯。

图 4.2

- 空气滤清器应无损伤、小孔或变薄的部分。
- 检查橡胶垫圈应无损伤，如有异常应更换。

（4）如图 4.3 所示，清洁空气滤清器。

图 4.3

（4）如图 4.4 所示，安装空气滤芯。

图 4.4

安装空气滤芯的步骤和注意事项。

____，

____，

____。

引导问题 8：汽油滤清器更换。

操作步骤：

（1）如图 4.5 所示，取下油泵保险丝。

- 在取油泵保险丝时点火开关应处于关闭状态。
- 油泵保险丝在保险盒内第 5 个位置。

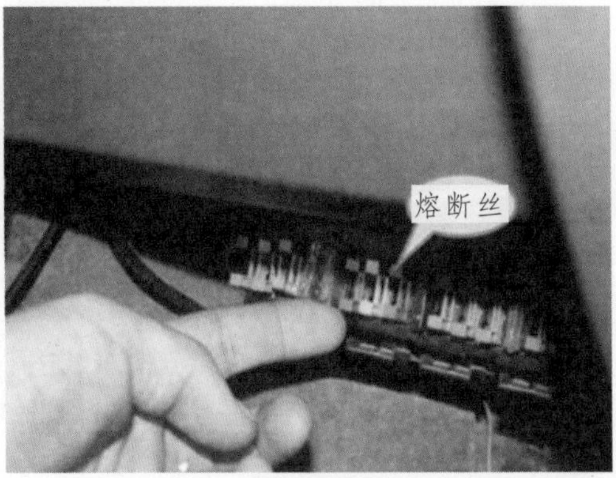

图 4.5

（2）如图 4.6 所示，启动发动机卸掉油压。

图 4.6

• 启动发动机直至自动熄火。

（3）如图 4.7 所示，松开车辆底部汽油滤清器托架紧固螺栓，取下汽油滤清器托架。

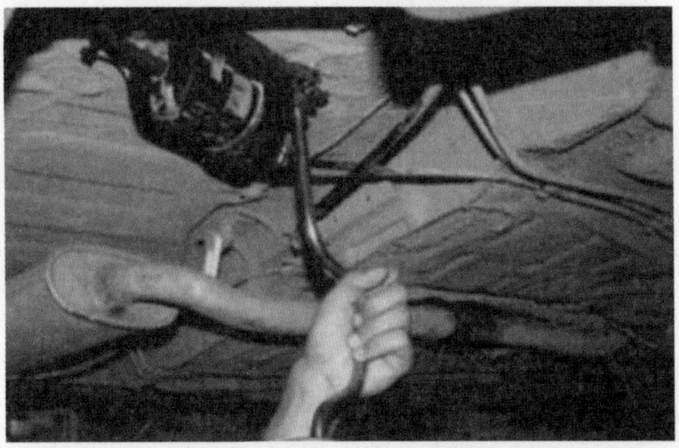

图 4.7

（4）如图 4.8 所示，松开夹扣，拔下汽油滤清器油管，使用一块抹布防止剩余的汽油滴落。

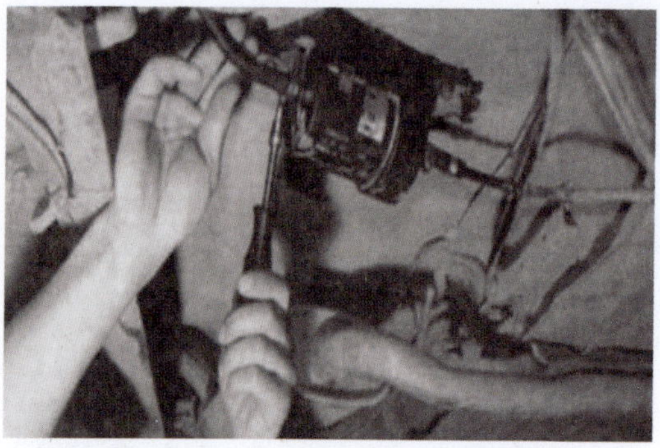

图 4.8

（5）如图 4.9 所示，取下汽油滤清器。

图 4.9

（6）如图 4.10 所示，检查装上新汽油滤清器后其接头处有无泄漏。

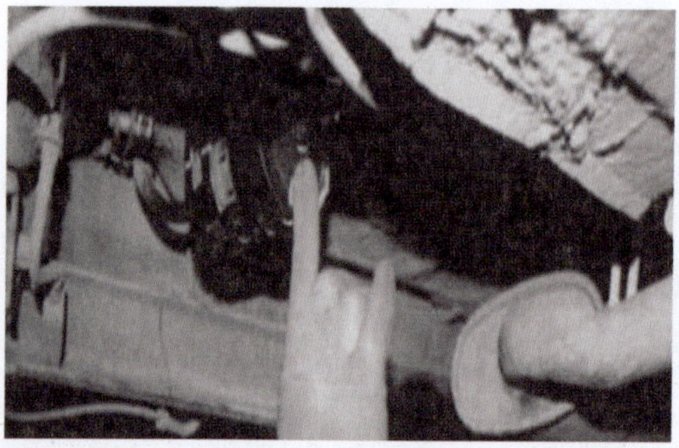

图 4.10

- 起动发动机并将车辆举升至高位后进行泄漏检查。

引导问题 9：发动机燃油系统免拆清洗

操作步骤：

（1）如图 4.11 所示，取下油泵保险丝。

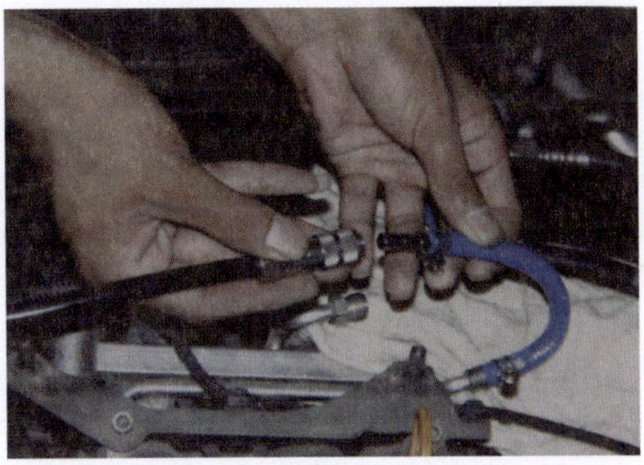

图 4.11

- 在取油泵保险丝时点火开关应处于________状态。
- 油泵保险丝在保险盒内________位置。

（2）启动发动机卸掉油压。

- 在启动发动机时排挡杆应处于驻车挡或空挡位置并拉紧手刹。

（3）如图 4.12 所示，将清洗机进油管通过快速连接头与燃油导轨的进油管连接起来。

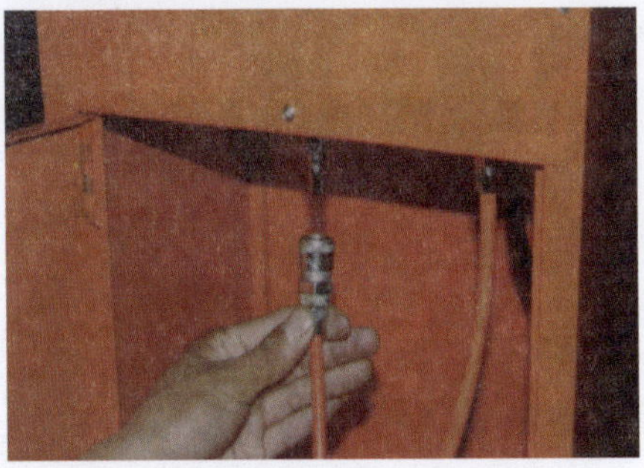

图 4.12

（4）将清洗机与发动机燃油系统连接后清洗机供油取代了汽车上的油箱供油，来自汽车油箱的燃油直接流回油箱。

（5）如图 4.13 所示，查看连接管路的接口处是否有漏油渗油现象，如有渗漏应修复后再继续操作。

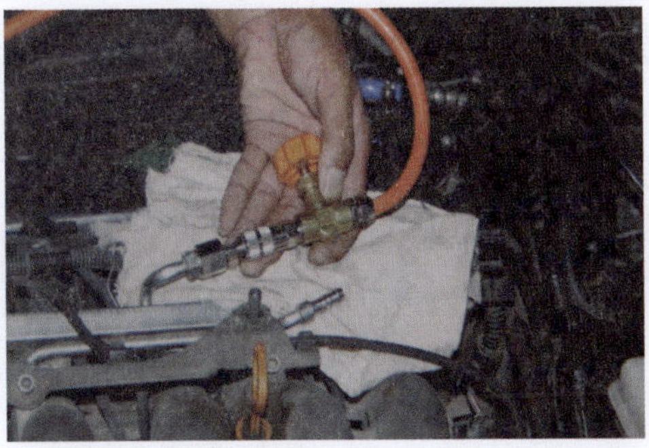

图 4.13

（6）发动机清洗完毕，停止发动机燃油供应，发动机因供油量逐渐减少而熄火。

（7）按相反顺序拆卸清洗机，恢复各油路接头连接状态。

（8）启动发动机，检查各接头处有无渗漏现象。（　　）

检查结果：____。

处理意见：____。

三、评价与反馈

1. 任务实施考核成绩评定（表 4.2）

表 4.2　发动机燃油系实作考核

考核项目及分值	考核内容	评分标准	评分记录
准备工作 10 分	清洁工量具及其工作台	（1）未清洁工量具扣 1 分； （2）未清洁工作台扣 1 分	
燃油系检查 30 分	（1）燃油系卸压检查； （2）燃油系保压检查； （3）燃油系增压检查； （4）燃油系连接部位检查	（1）未卸压扣 5 分、步骤错误扣 2 分； （2）未清洁扣 5 分； （3）检查方法错误扣 5 分； （4）读数错误扣 5 分； （5）测量仪器落地每次扣 2 分	
汽油滤清器更换 30 分	（1）正确拆卸汽油滤清器； （2）正确说出部件名称； （3）正确按汽油滤清器的安装方向进行安装	（1）未正确拆卸各个部件一次扣 5 分； （2）未正确说出部件名称一次扣 2 分； （3）未正确按照操作步骤连接一次扣 3 分	
免拆燃油系的维护 20 分	（1）正确安装清洗设备； （2）正确说出部件名称； （3）正确按照规定步骤操作	（1）未正确安装设备一次扣 5 分； （2）未正确说出部件名称一次扣 2 分； （3）未正确按照操作步骤一次扣 3 分	
收尾工作 10 分	（1）清洁工具、量具、工作台； （2）工、量具应摆放整齐	（1）未清洁扣 1～3 分； （2）未摆放整齐扣 1 分	
考核时限	完成全部考核内容规定用时为 20 分钟	（1）超时每分钟扣 5 分； （2）超时 5 分钟即停止记分	

2. 任务过程评价与反馈（表 4.3 和表 4.4）

表 4.3　任务过程评价（教师填写）

考核项目	评分标准	分数	成绩	过程评价
劳动纪律	有无迟到、早退和旷工	5		
团队合作	是否和谐	5		
活动参与	是否精彩	5		
安全生产	有无安全隐患	10		
方案制定	是否正确	15		
操作过程	是否正确、熟练	30		
任务质量	是否圆满完成	5		
工具、设备使用	是否规范、标准	10		
工单填写	是否完整、规范	5		
现场 5s	是否做到	10		
总　分		100		

注：没有按照操作流程操作，出现人身伤害或设备严重事故，本任务考核结果为 0 分。

表 4.4　任务过程反馈（学生填写）

反馈内容	回答
你是否完成本学习任务，并得到老师的确认？	
你是否能准确有效地收集、分析和组织完成资料，正确地交流信息？	
你是否已经掌握预期的知识和必备的技能？	
你是否充分使用学习资源和按计划有组织地完成任务？	
操作完成水平： 上述表格中的项目应为肯定回答。若不是，应咨询老师。你可以要求附加相关活动，以便完成相关的操作技能。 教师签字：____________ 学生签字：____________ 完成日期：____________	

学习任务五　汽车传动系维护

任务描述

➢ 按照专业水平对汽车传动系进行检测，针对检测的结果和有关现象，进行汽车传动系状态判断，最后使用专业知识及标准流程来完成汽车传动系的维护。

学习目标

➢ 知道离合器的踏板行程、油面高度及工作状况检查。

➢ 掌握检查手动驱动桥的外观与性能，齿轮油的油质与油量及换挡机构工作状况。

➢ 掌握检查自动驱动桥外观与工作性能与 ATF 油质与油量检查及检查挡位杆工作状况。

➢ 掌握驱动轴、防尘套的维护。

建议学时

➢ 10 课时。

学习内容

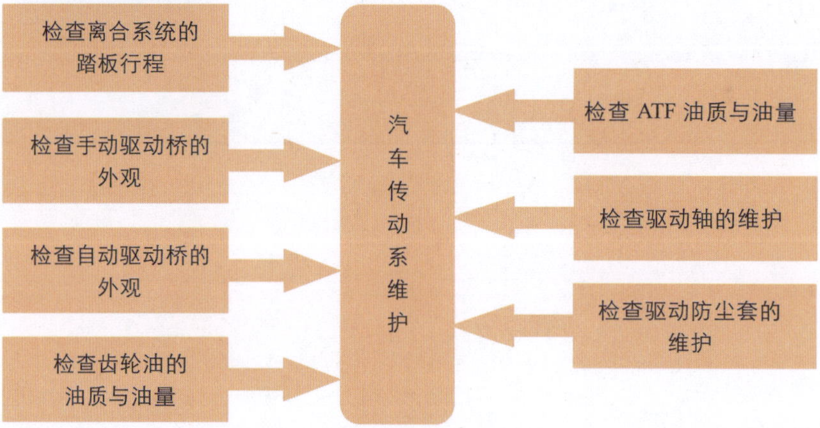

一、任务准备

引导问题 1：了解传动系的组成。

引导问题 2：离合器工作状况有________，________，________，__________。

引导问题 3：手动驱动桥外观检查有________，________，_______。

引导问题 4：自动驱动桥 ATF 油质维护要符合____________，___________的要求。

二、任务实施

引导问题 5：完成本任务，需要使用的工、量具有哪些？

表 5.1　工、量具名称及型号

工、量具名称	工、量具型号

引导问题 6：怎样进行离合器维护？

操作步骤：

(1) 如图 5.1 所示，检查离合器液位。

图 5.1

• 检查离合器总泵储液罐中的液面高度。

注意事项：

有些车型具有单独的离合器储液罐，大多数车型离合器使用制动总泵储液罐。若离合器液溅到油漆表面，应立即用水冲洗，否则，离合器液将损坏油漆表面。

（2）如图 5.2 所示，检查油液是否渗漏。

• 检查离合器的各部分是否有液体渗出。（　　）

处理意见：____。

图 5.2

• 检查离合器总泵、管路以确定有无渗漏。

（3）如图 5.3 所示，检查踏板工作状况。

图 5.3

• 踩下离合器踏板时，检查是否存在踏板的异响噪声，过度松动，感觉踏板沉重等现象。（　　）

处理意见：____。

（4）如图 5.4 所示，检查离合器踏板高度。

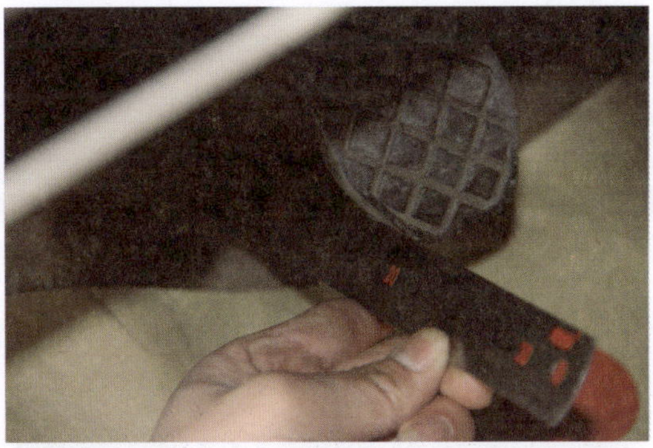

图 5.4

• 使用钢直尺检查离合器踏板高度。

注意事项：

若必须从地毯表面开始测量，则从标准值中扣除地毯的厚度或地毯和沥青纸毡的厚度。

（5）如图 5.5 所示，离合器踏板高度调整。

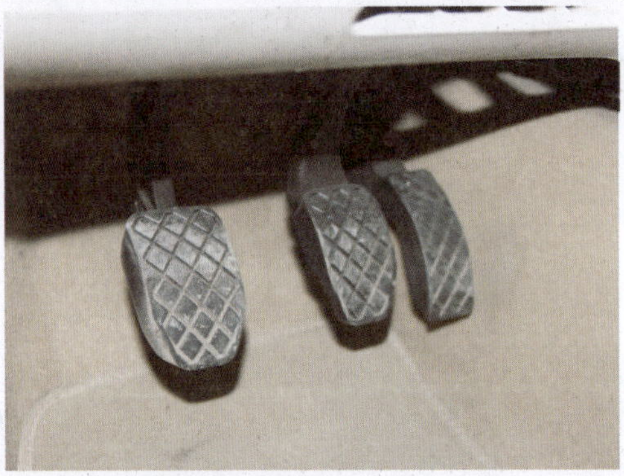

图 5.5

• 根据离合器踏板位置高度调整。

（6）如图 5.6 所示，检查离合器踏板自由行程。

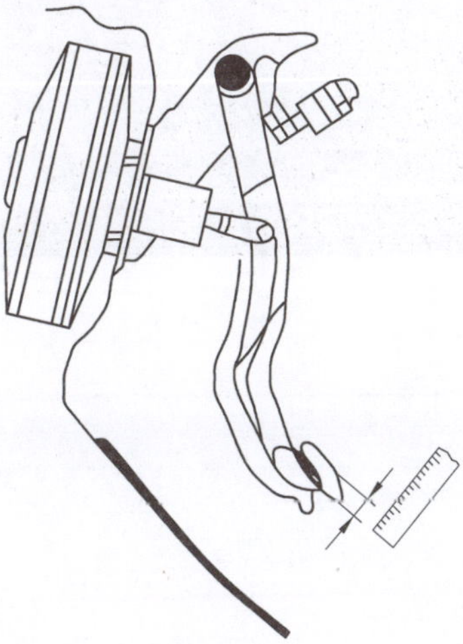

图 5.6

• 用手指按压离合器踏板并使用钢直尺测量踏板自由行程量。

检查自由行程是否在标准值________mm 内，若超出应调整踏板高度。

引导问题 7：怎么进行手动变速器维护？

操作步骤：

（1）如图 5.7 所示，检查变速器壳体。

图 5.7

检查结果：____；

处理意见：____。

（2）如图 5.8 所示，检查变速器齿轮油油面高度及油质。

图 5.8

____；

____；

____。

（3）检查变速器换挡操纵机构。

• 换挡机构操纵灵活、轻便，作用正常，无异响和跳挡、乱挡现象。

引导问题 8：怎样进行自动变速器维护?

操作步骤：

（1）如图 5.9 所示，起动发动机。

图 5.9

- 使发动机怠速运转，拉起驻车制动器、用脚踩住制动踏板，拨动变速器。
- 手操纵杆依次从______，各挡位停留____s，再从 L 依次拨回 P 位。

（2）检查自动变速器液位及油质。

- 关闭点火开关，下车检查自动变速器油位高度。
- 应不变质，无焦味；齿轮油规格为 APlGL-5。

注意事项：

液位应当在正常运行的条件下检查，油温一般在___________，当液位较低时，应检查液温和渗漏情况，再补充液体。

（3）如图 5.10 所示，检查自动变速器油液渗漏。

图 5.10

- 检查自动变速器壳接触面、轴、拉索伸出的区域、油封、排放和加注塞、管路和软管接头等处是否有渗漏。（　　）

处理意见：____。

引导问题 9：怎样进行驱动桥维护？

操作步骤：

（1）如图 5.11 所示，检查驱动轴防尘套。

- 用手转动前轮胎，检查左右驱动轴内外尘套应无裂纹或其他损坏。

（2）如图 5.12 所示，检查防尘套卡箍。

图 5.11

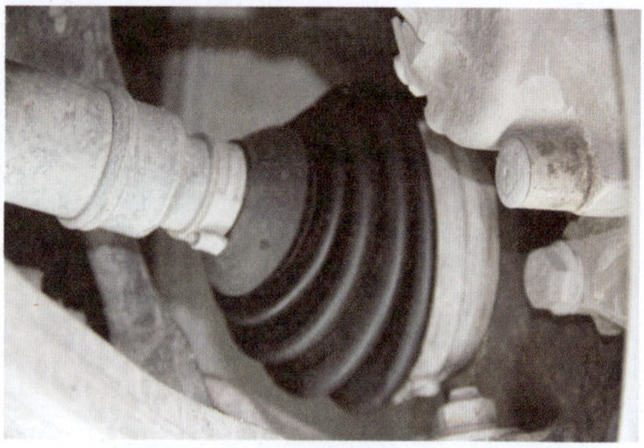

图 5.12

- 用手转动前轮胎，检查左右驱动轴内外尘套卡箍，应正确安装和无损坏。

（3）如图 5.13 所示，检查驱动轴。

- 用手转动前轮胎，检查左右驱动轴有无裂纹或其他损坏。

（4）如图 5.14 所示，检查防尘套油脂是否有渗出。

图 5.13

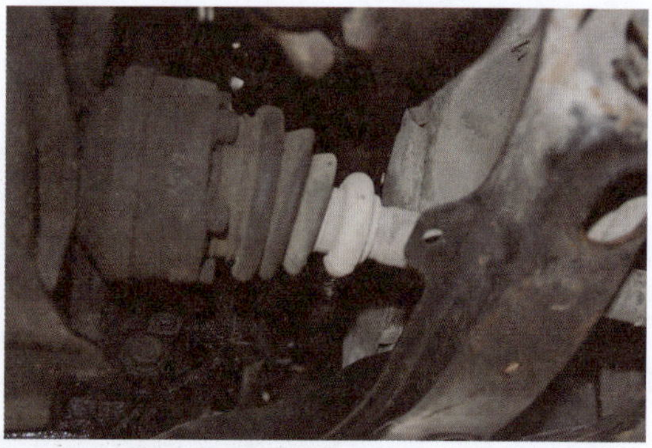

图 5.14

- 用手转动前轮胎，检查左右驱动轴内外尘套油脂是否有渗漏。（　　）

检查结果：____；

处理意见：____。

三、评价与反馈

1. 任务实施考核成绩评定（表 5.2）

表 5.2 汽车传动系维护实作考核

考核项目及分值	考核内容	评分标准	评分记录
准备工作 5 分	（1）清洁工量具及其工作台； （2）检查工量具	（1）未清洁工量具扣 1 分； （2）未清洁工作台扣 1 分； （3）未检查工量具扣 5 分	
离合器液面检查 20 分	离合器液面检测： （1）工作液面高度检查； （2）储液灌外观检查； （3）工作液品质检查	（1）未检查油液品质扣 10 分； （2）未检查扣 5 分； （3）检查部位错误扣 5 分； （4）量具落地每次扣 8 分	
离合器踏板高度检查 15 分	（1）正确检查离合器踏板高度； （2）正确检查离合器踏板自由行程； （3）正确检查离合器踏板有效行程	（1）未检查一项扣 5 分； （2）检查方法错误扣 5 分； （3）检查部位错误扣 5 分； （4）量具落地每次扣 8 分	
检查变速器壳体 15 分	（1）应无裂纹； （2）各部连接紧固； （3）密封良好，无渗漏油	（1）未清洁扣 5 分； （2）检查方法错误扣 5 分； （3）检查部位错误扣 5 分	
检查变速器齿轮油油面高度及油质 20 分	（1）应不变质，无焦味； （2）正确选择齿轮油规格为 APIGL-5； （3）油面应在加油口下边缘	（1）检查部位错误扣 5 分； （2）齿轮油选择错误扣 15 分； （3）未检查油位扣 5 分； （4）未正确检查油位高度扣 5 分	
检查、润滑变速器换挡操纵机构 20 分	（1）换挡机构操纵灵活、轻便，作用正常； （2）应无异响和跳挡、乱挡现象	（1）未检查换挡机构扣 15 分； （2）不能正确检测换挡机构操纵工作状态扣 5 分	
5 s 5 分	（1）清洁工具、量具、工作台； （2）工、量具应摆放整齐	（1）未清洁扣 1~3 分； （2）未摆放整齐扣 1 分	

2. 任务过程评价与反馈（表 5.3 和表 5.4）

表 5.3 任务过程评价（教师填写）

考核项目	评分标准	分数	成绩	过程评价
劳动纪律	有无迟到、早退和旷工	5		
团队合作	是否和谐	5		
活动参与	是否精彩	5		

续表 5.3

考核项目	评分标准	分数	成绩	过程评价
安全生产	有无安全隐患	10		
方案制定	是否正确	15		
操作过程	是否正确、熟练	30		
任务质量	是否圆满完成	5		
工具、设备使用	是否规范、标准	10		
工单填写	是否完整、规范	5		
现场 5S	是否做到	10		
总　分		100		

注：没有按照操作流程操作，出现人身伤害或设备严重事故，本任务考核结果为 0 分。

表 5.4　任务过程反馈（学生填写）

反馈内容	回答
你是否完成本学习任务，并得到老师的确认？	
你是否能准确有效地收集、分析和组织完成资料，正确地交流信息？	
你是否已经掌握预期的知识和必备的技能？	
你是否充分使用学习资源和按计划有组织地完成任务？	
操作完成水平： 上述表格中的项目应为肯定回答。若不是，应咨询老师。你可以要求附加相关活动，以便完成相关的操作技能。 教师签字：____________________ 学生签字：____________________ 完成日期：____________________	

学习任务六　汽车转向系维护

任务描述

➢ 按照专业水平对汽车转向系进行检测，针对检测的结果和有关现象，进行汽车转向系状态判断，最后使用专业知识及标准流程来完成汽车转向系维护。

学习目标

➢ 知道检查转向盘的自由行程、锁止功能及松旷状况。

➢ 掌握检查转向盘位置，转向盘在轴向、前后与左右径向有无明显松动的方法。

➢ 掌握检查动力转向系统的助力功能及动力转向液方法。

➢ 掌握转向拉杆衬套不松旷，各杆件无明显变形，球头不松旷，各部螺栓连接紧固可靠；转向器工作无异响，无卡滞，转向轻便，有路感。

建议学时

➢ 10 课时。

学习内容

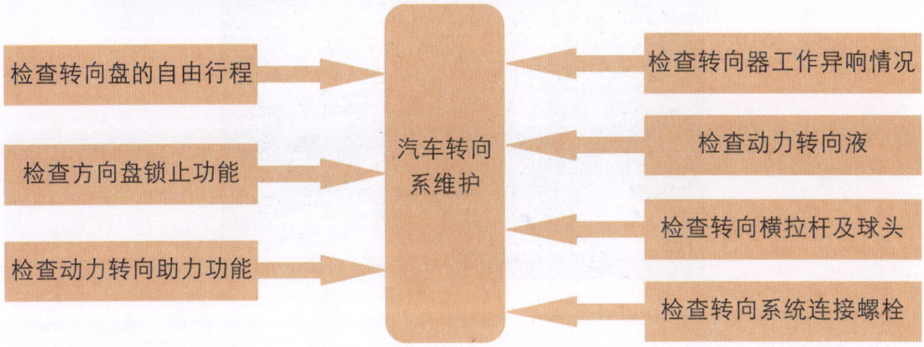

一、任务准备

引导问题 1：转向系由________，________，________组成。

引导问题 2：转向器的类型有________，________，________。

引导问题 3：转向拉杆外观检查有________，________，________。

引导问题 4：转向助力油质维护要符合____________，____________的要求。

引导问题 5：汽车转向系统分为______________，______________两大类。

二、任务实施

引导问题 6：完成本任务，需要使用的工、量具有哪些？

表 6.1　工、量具名称及型号

工、量具名称	工、量具型号

引导问题 7：怎样检查方向盘？

操作步骤：

（1）如图 6.1 所示，检查转向盘锁止。

图 6.1

- 将点火开关转到ACC，转向盘可自由转动，取下钥匙转向盘锁止，应不能自由转动。

(2) 如图6.2所示，检查方向盘松动、摆动。

- 用双手握住方向盘，并轴向、垂直或向前两侧移动转向盘，检查其松动或者摆动情况。

(3) 如图6.3所示，检查转向盘自由行程。

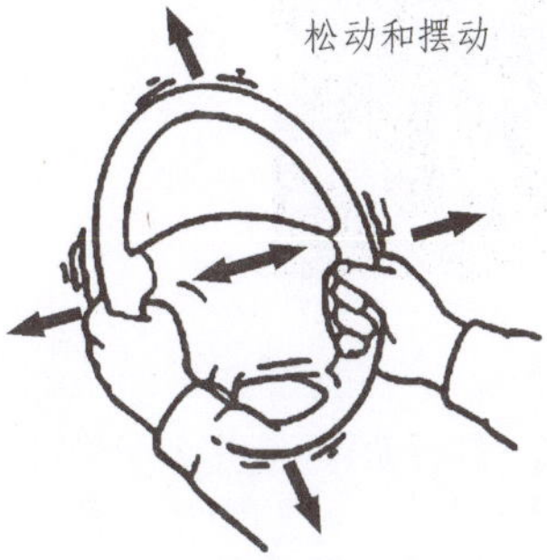

图6.2

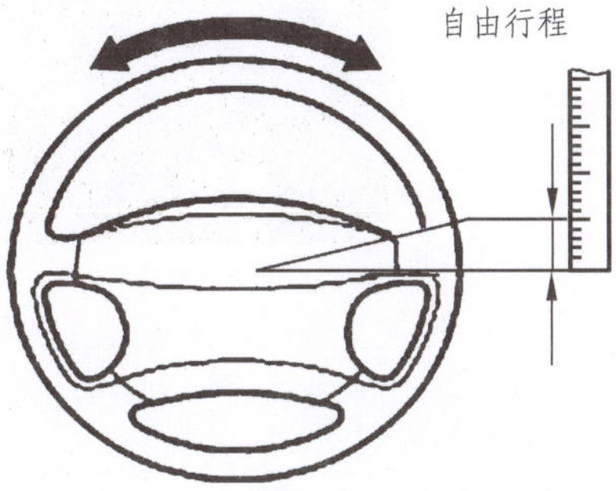

图6.3

- 其自由行程量为______mm。

引导问题8：怎样检查转向系传动机构？

操作步骤：

(1) 如图6.4所示，检查转向器、液压助力泵、储液罐等部件的密封性。

- 储液罐应密封良好，无渗漏；油管不变形，无阻滞。

(2) 如图6.5所示，检查液压助力泵油质及油面高度。

图6.4

图6.5

- 起动发动机，左右转动方向，检查动力转向液面应处于应在规定标线内。

- 液压油品质良好，液压油规格为ATF或DexronⅡ，每运行6～10万km更换。

(3) 如图6.6所示，检查转向工作情况。

图 6.6

• 起动发动机，左右转动方向，检查动力转向液面应处于正常位置。同时检查是否有异响及转动灵活。（　　）

检查结果：＿＿＿＿＿＿＿＿＿＿＿＿＿＿＿＿＿＿＿＿＿＿＿＿＿＿＿＿＿＿＿＿＿＿＿＿；

处理意见：＿＿＿＿＿＿＿＿＿＿＿＿＿＿＿＿＿＿＿＿＿＿＿＿＿＿＿＿＿＿＿＿＿＿＿＿。

（4）检查转向器。

• 检查转向器总成应＿＿＿＿＿＿或＿＿＿＿＿＿渗出。

（5）检查转向器总成固定螺栓。

• 使用＿＿＿＿＿扳手，按技术要求拧紧＿＿＿＿＿＿。

（6）转向节固定螺栓。

• 使用＿＿＿＿＿＿扳手，按技术要求拧紧＿＿＿＿＿＿。

（7）检查拉杆。

• 用手握住拉杆上下左右晃动，应无＿＿＿＿＿＿。

（8）紧固拉杆球节。

• 使用＿＿＿＿＿＿扳手，按技术要求拧紧＿＿＿＿＿＿＿。

三、评价与反馈

1. 任务实施考核成绩评定（表 6.2）

表 6.2　汽车转向系维护实作考核

考核项目及分值	考核内容	评分标准	评分记录
准备工作 10 分	清洁工量具及其工作台	（1）未清洁工量具扣 1 分； （2）未清洁工作台扣 1 分	

续表 6.2

考核项目及分值	考核内容	评分标准	评分记录
方向盘及助力油检查 20分	（1）正确检查方向盘自由行程； （2）正确检查方向盘锁止； （3）正确检查转向助力油； （4）正确检查方向盘摆动	（1）未正确方向盘自由行程扣5分； （2）未正确检查方向盘锁止扣5分； （3）未正确检查助力油扣5分； （4）未检查方向盘摆动扣5分	
转向器总成螺栓检查 30分	正确检查转向器总成各个连接螺栓	（1）未拉杆球节扣10分； （2）未转向节固定螺栓扣10分； （3）未转向器总成固定螺栓扣10分	
转向传动机构检查 30分	（1）正确检查转向机构防尘套； （2）正确检查转向传动轴； （3）正确检查防尘套卡箍安装情况； （4）正确检查转向器总成	（1）未正确检查转向机构防尘套扣2分； （2）未正确检查转向传动轴扣2分； （3）未正确检查防尘套卡箍安装情况扣3分； （4）未正确检查转向器总成扣5分	
收尾工作 10分	（1）清洁工具、量具、工作台； （2）工、量具应摆放整齐	（1）未清洁扣1～3分； （2）未摆放整齐扣1分	
考核时限	完成全部考核内容规定用时为20分钟	（1）超时每分钟扣5分； （2）超时5分钟即停止记分	

2. 任务过程评价与反馈（表6.3和表6.4）

表6.3 任务过程评价（教师填写）

考核项目	评分标准	分数	成绩	过程评价
劳动纪律	有无迟到、早退和旷工	5		
团队合作	是否和谐	5		
活动参与	是否精彩	5		
安全生产	有无安全隐患	10		
方案制定	是否正确	15		
操作过程	是否正确、熟练	30		
任务质量	是否圆满完成	5		
工具、设备使用	是否规范、标准	10		
工单填写	是否完整、规范	5		
现场5S	是否做到	10		
总　分		100		

注：没有按照操作流程操作，出现人身伤害或设备严重事故，本任务考核结果为0分。

表 6.4　任务过程反馈（学生填写）

反馈内容	回答
你是否完成本学习任务，并得到老师的确认？	
你是否能准确有效地收集、分析和组织完成资料，正确地交流信息？	
你是否已经掌握预期的知识和必备的技能？	
你是否充分使用学习资源和按计划有组织地完成任务？	
操作完成水平： 上述表格中的项目应为肯定回答。若不是，应咨询老师。你可以要求附加相关活动，以便完成相关的操作技能。 教师签字：______________________ 学生签字：______________________ 完成日期：______________________	

学习任务七　汽车底盘行驶系维护

任务描述

➢ 按照专业水平对汽车底盘行驶系进行检测，针对检测的结果和有关现象，进行汽车底盘行驶系状态判断，最后使用专业知识及标准流程来完成汽车底盘行驶系的维护。

学习目标

➢ 掌握汽车车轮的检查与维护。

➢ 掌握汽车悬架的检查与维护。

➢ 掌握悬架的螺栓连接紧固检查。

➢ 知道汽车底盘各润滑部位的维护。

建议学时

➢ 10 课时。

学习内容

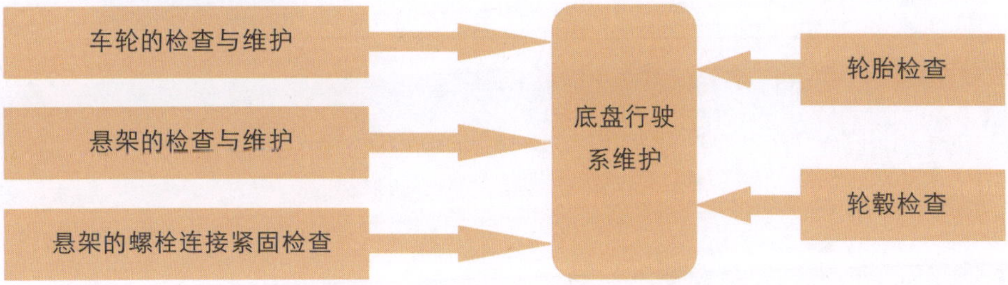

一、任务准备

引导问题 1:

轮胎动不平衡会引起车辆在行驶过程中前轮________________。

引导问题 2:

汽车横拉杆球头过松会影响汽车________________________。

引导问题 3:

有的汽车没有车架。(　　)

引导问题 4:

一般载货汽车的前桥是转向桥。(　　)

引导问题 5:

采用独立悬架汽车的车轿为段开式。(　　)

二、任务实施

引导问题 6:完成本任务,需要使用的工、量具有哪些?

表 7.1　工、量具名称及型号

工、量具名称	工、量具型号

引导问题 7:怎样进行车轮维护?

操作步骤:

(1)如图 7.1 所示,检查车轮轴承。

• 对车轮轴承检查的方法及要求:________________________。

图 7.1

（2）如图 7.2 所示，车轮轴承异响检查。

• 用手快速转动车，倾听车轮轴承有无异响。

图 7.2

（3）如图 7.3 所示，拆卸车轮。

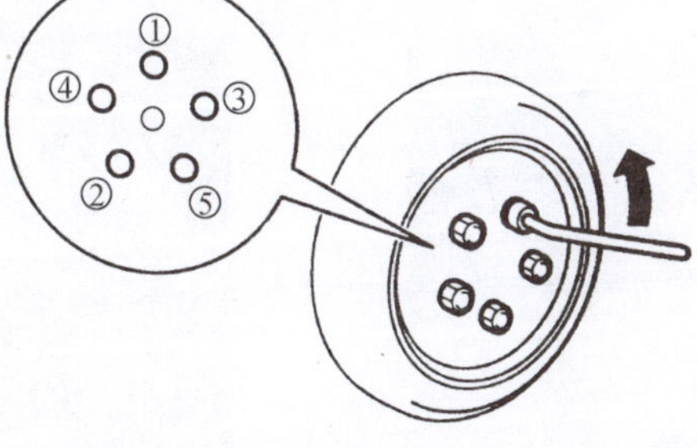

图 7.3

• 拆卸工具及方法：____

____。

（4）如图 7.4 所示，取下车轮。

• 双手捧住车轮外胎下边缘，抱下车轮。

（5）如图 7.5 所示，检查胎压。

图 7.4

图 7.5

• 用气压表测量车轮气压。

检查项目		检查结果		结　论
		标准值	测量值	
前轮	左			
	右			
后轮	左			
	右			

（6）如图 7.6 所示，检查轮辋。

• 检查轮辋的现象有：________________________。

（7）如图 7.7 所示，检查漏气。

图 7.6

图 7.7

• 用肥皂水在车轮外胎与轮辋的内外侧均匀地涂抹，检查涂抹处有无气泡冒出。

（8）如图 7.8 所示，检查轮胎。

• 检查轮胎外表面是否有石块、金属等颗粒物与镶嵌物。（　　）

处理意见____。

(9) 如图 7.9 所示，轮胎花纹检查。

图 7.8

图 7.9

• 使用轮胎深度尺检查轮胎花纹深度应符合技术要求________mm；____________。

(10) 如图 7.10 所示，车轮换位。

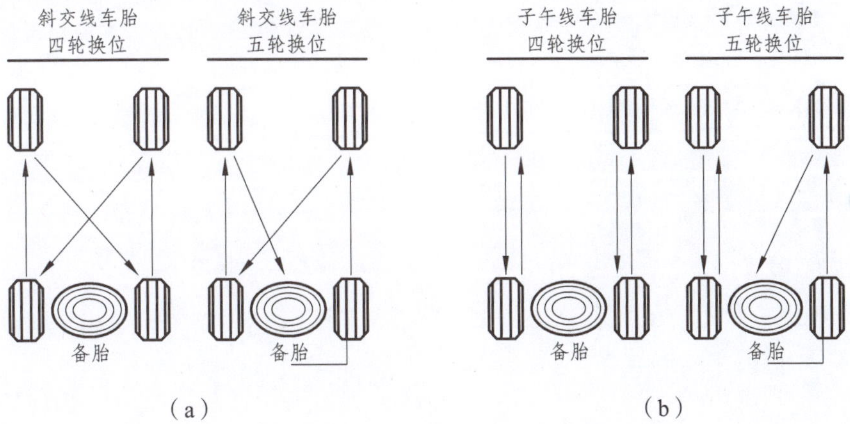

图 7.10

• 四轮换位。

• 加上备胎后换位。

(11) 如图 7.11 所示，安装车轮。

• 双手捧住车轮外胎下边缘，抱起车轮，并安装。

(12) 预紧轮胎螺栓。

• 先带入螺栓 2～3 圈，再使用风动工具，按上下左右对称法，进行轮胎螺栓预紧。

(13) 紧固轮胎螺栓。

• 使用扭力扳手，按______对称法，进行轮胎螺栓紧固______N · m。

图 7.11

引导问题 8：怎样对行驶系螺栓进行检查？

表 7.2　螺栓名称

螺栓名称	力　矩	所用到的工具
后减振器×后桥		
后桥×支架		
支架×车身		
制动卡钳×转向节		
排气管		
燃　油		
悬架×下摇臂		
悬架×车身		
稳定杆		
带球销可调节接头防松螺母		
球形接头		

引导问题 9：怎样进行悬架系的检查？

操作步骤：

(1) 如图 7.12 所示，检查前减震器阻尼状态。

- 双手下压左右前减震阻尼状态。

(2) 如图 7.13 所示，检查后减震器阻尼状态。

- 双手下压左右后减震阻尼状态。

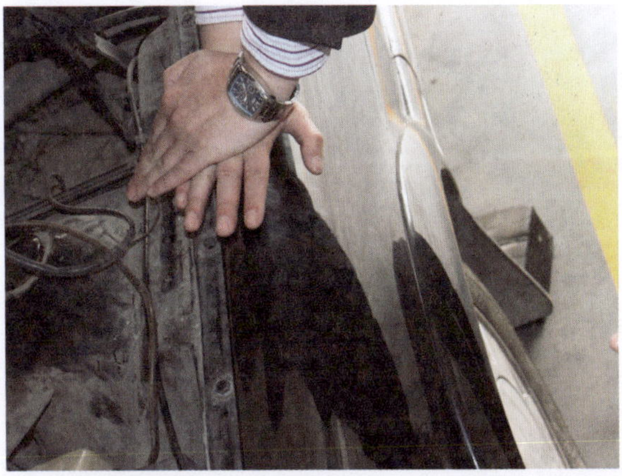

图 7.12

图 7.13

(3) 如图 7.14 所示，安装举升架。

图 7.14

- 注意举升垫块入槽。

(4) 如图 7.15 所示，检查悬架下臂。

- 检查前悬架下臂是否有损坏。

图 7.15

（5）平衡杆的检查。

• 检查前平衡杆是否有裂纹、变形或其他损坏。

（6）如图 7.16 所示，检查减震弹簧。

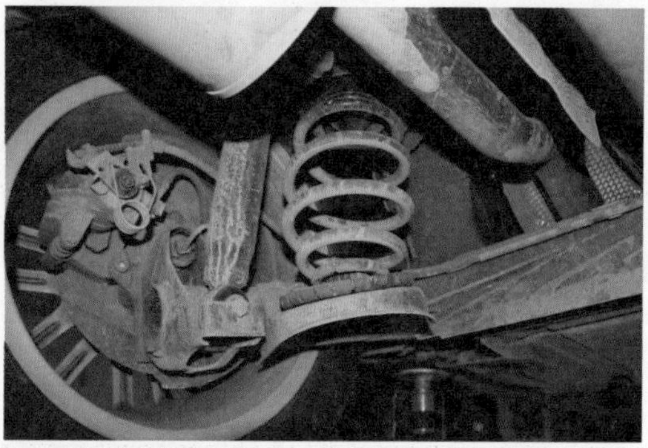

图 7.16

• 检查前后左右减震器弹簧是否有损坏。

（7）如图 7.17 所示，检查减震器。

• 检查前后减震器是否有漏油、防尘套是否有损坏。

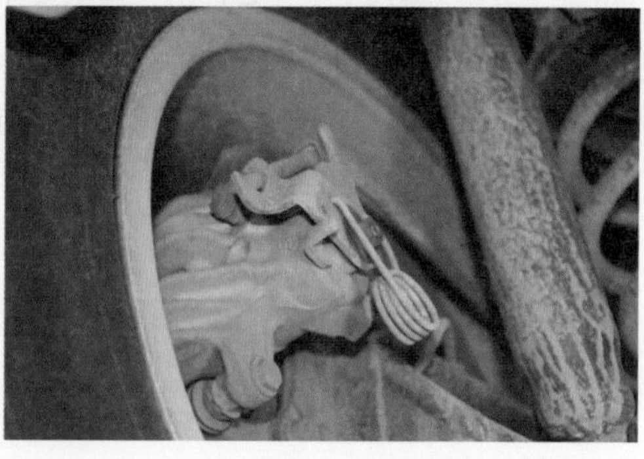

图 7.17

三、评价与反馈

1. 任务实施考核成绩评定（表 7.3）

表 7.3　汽车底盘行驶系维护实作考核

考核项目及分值	考核内容	评分标准	评分记录
准备工作 5 分	清洁工量具及其工作台	（1）未清洁工量具扣 1 分； （2）未清洁工作台扣 1 分	
车轮检查 30 分	（1）检查胎压； （2）检查漏气； （3）检查轮辋； （4）检查轮胎花纹	（1）未检查胎压扣 5 分； （2）未用肥皂水检查车轮外胎与轮辋的内外侧漏气各扣 5 分； （3）未检查轮辋污垢、泥泞、锈蚀、缺损各扣 2 分； （4）未检查轮胎花纹扣 5 分	
螺栓检查 55 分	按照正确的方法检查各个底盘螺栓	（1）未检查后减振器×后桥扣 5 分； （2）未检查后桥×支架扣 5 分； （3）未检查支架×车身扣 5 分； （4）未检查制动卡钳×转向节扣 5 分； （5）未检查球形接头扣 5 分； （6）未检查燃油箱扣 5 分； （7）未检查悬架×下摇臂扣 5 分； （8）未检查悬架×车身扣 5 分； （9）未检查稳定杆扣 5 分； （10）未检查带球销可调节接头防松螺母扣 5 分； （11）未检查排气管扣 5 分	
悬架检查 20 分	（1）检查平衡杆； （2）检查减震弹簧； （3）检查减震器	（1）未检查前平衡杆裂纹、变形扣 5 分； （2）未检查前后左右减震器弹簧损坏扣 5 分； （3）未检查前后减震器是否有漏油、防尘套损坏各扣 3 分	
收尾工作 5 分	（1）清洁工具、量具、工作台； （2）工、量具应摆放整齐	（1）未清洁扣 1~3 分； （2）未摆放整齐扣 1 分	

2. 任务过程评价与反馈（表 7.4 和表 7.5）

表 7.4　任务过程评价（教师填写）

考核项目	评分标准	分数	成绩	过程评价
劳动纪律	有无迟到、早退和旷工	5		
团队合作	是否和谐	5		
活动参与	是否精彩	5		
安全生产	有无安全隐患	10		
方案制定	是否正确	15		
操作过程	是否正确、熟练	30		
任务质量	是否圆满完成	5		
工具、设备使用	是否规范、标准	10		
工单填写	是否完整、规范	5		
现场 5S	是否做到	10		
总　分		100		

注：没有按照操作流程操作，出现人身伤害或设备严重事故，本任务考核结果为 0 分。

表 7.5　任务过程反馈（学生填写）

反馈内容	回答
你是否完成本学习任务，并得到老师的确认？	
你是否能准确有效地收集、分析和组织完成资料，正确地交流信息？	
你是否已经掌握预期的知识和必备的技能？	
你是否充分使用学习资源和按计划有组织地完成任务？	
操作完成水平： 上述表格中的项目应为肯定回答。若不是，应咨询老师。你可以要求附加相关活动，以便完成相关的操作技能。 教师签字：________ 学生签字：________ 完成日期：________	

学习任务八　汽车底盘制动系维护

任务描述

➢ 按照专业水平对汽车底盘制动系进行检测，针对检测的结果和有关现象，进行汽车底盘制动系状态判断，最后使用专业知识及标准流程来完成底盘制动系的维护。

学习目标

➢ 掌握制动液的检查与更换。
➢ 掌握制动真空助力的检查。
➢ 掌握鼓式制动器的保养。
➢ 掌握盘式制动器的保养。

建议学时

➢ 26 课时。

学习内容

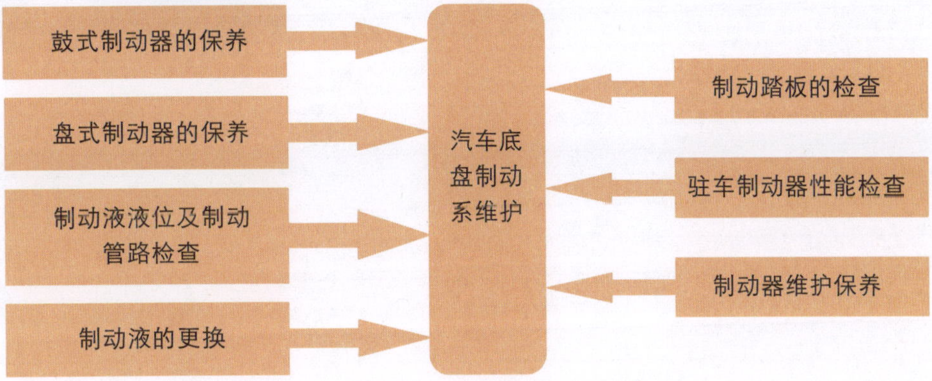

一、任务准备

引导问题 1：在车辆进行维护前，我们需要准备的必备器具有哪些？（　　）

A．“三件套”　　B．万用表

C．风炮　　D．十字弓

引导问题 2：收集有关大众帕萨特的信息，查找出MAX和MIN所代表的意义为（　　）。

A．上限值、下限值　　B．最大值、最小值

C．最高值、最低值　　D．无意义

引导问题 3：收集相关资料或通过调查，列举出哪些不正规操作会造成制动器磨损速度加快？（　　）

A．急加速行驶　　B．低速行驶

C．高频率刹车　　D．急刹车

引导问题 4：下列关于汽车制动跑偏和制动侧滑关系的说法中，正确的是（　　）。

A．制动跑偏不会引起制动侧滑

B．制动侧滑不会引起制动跑偏

C．严重的制动跑偏会引起制动侧滑

D．二者在概念上是一致的

引导问题 5：在对车辆进行真空助力器检查时的第一步骤是（　　）。

A．工作检查　　B．真空检查

C．气密性检查　　D．助力检查

二、任务实施

引导问题 6：完成本任务，需要使用的工、量具有哪些？

表 8.1　工、量具名称及型号

工、量具名称	工、量具型号

引导问题 7：怎样对制动液、管路及踏板进行检查?

操作步骤：

(1) 如图 8.1 所示，液位检查。

图 8.1

- 检查制动总泵储液罐中的液位应在低位和高位之间。

注意事项：

- 如果制动衬片或者制动器摩擦片磨损，制动液液位就会下降。
- 如果制动液液位明显偏低，则需要检查制动系统是否渗漏。

(2) 如图 8.2 所示，检查总泵。

- 检查制动总泵处有无渗漏。

(3) 如图 8.3 所示，制动管路检查。

图 8.2

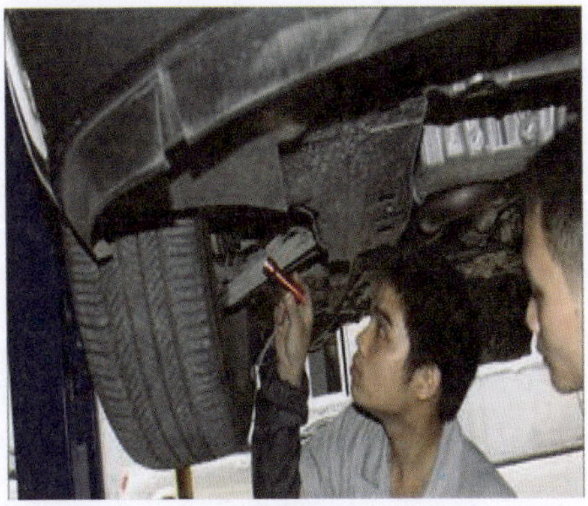

图 8.3

- 检查制动管路有无渗漏、压痕。

(4) 如图 8.4 所示，检查制动管路。

- 检查制动软管有无裂纹和老化。

(5) 如图 8.5 所示，检查分泵。

图 8.4

图 8.5

- 检查分泵有无泄漏、胶皮有无老化现象。

（6）如图 8.6 所示，制动踏板工作状况检查。

图 8.6

请写出制动踏板工作异常现象：

____。

____。

____。

____。

（7）如图 8.7 所示，踏板高度调节。

- 使用一把__________测量制动踏板高度。

（8）如图 8.8 所示，制动踏板自由行程的检查。

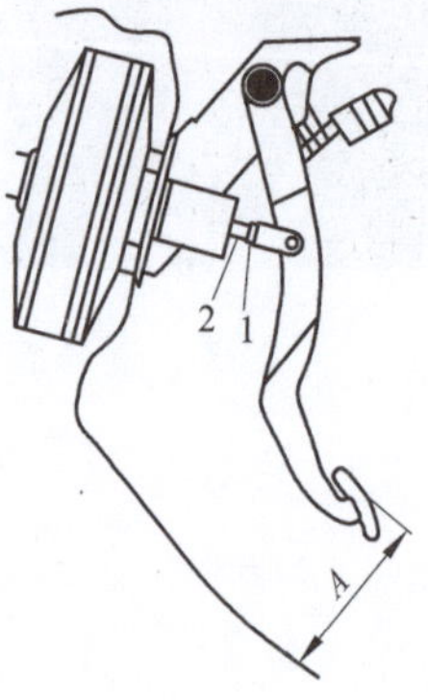

图 8.7

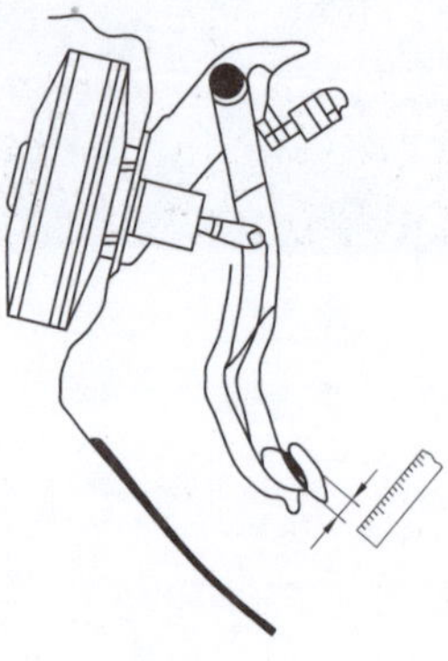

图 8.8

• 踏板自由行程：小于__________mm，制动踏板总行程大于__________mm，有效行程小于______mm。

引导问题 8：怎样对进行制动器维护?

（1）如图 8.9 所示，拆下车轮。

• 按照左右上下对称法拧松螺栓。

（2）如图 8.10 所示，取下车轮。

图 8.9

图 8.10

____。

____。

（3）如图 8.11 所示，检查摩擦片。

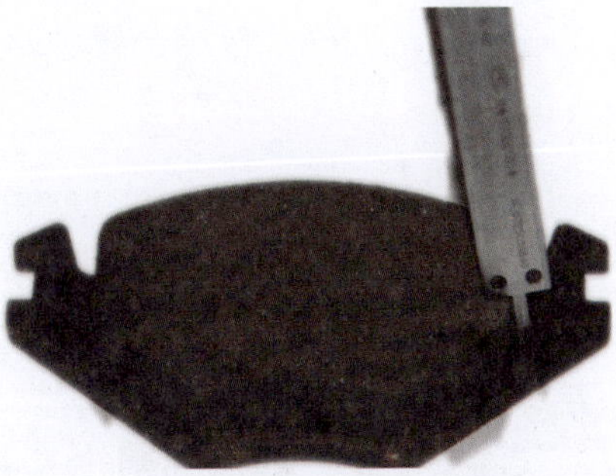

图 8.11

检查摩擦片的方式：

____；

____；

____；
____；
____。

（4）如图 8.12 所示，制动盘的检查。

• 检查制动盘是否有任何磨损或者损坏。（　　）

处理意见：____________________________。

• 用千分尺检查制动盘的厚度。

• 制动盘厚度：标准值为________mm，极限为_______mm，测量时先调校千分尺，最后计算误差。

（5）如图 8.13 所示，检查制动盘端面跳动量。

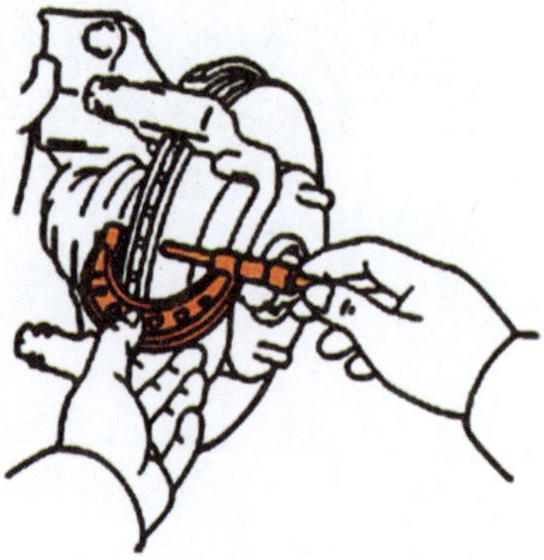

图 8.12

图 8.13

• 制动盘跳动量为_______mm。

• 测量制动盘端面动前，车轮轴承轴向间隙应符合要求。

（6）如图 8.14 所示，检查制动鼓。

图 8.14

• 检查制动鼓有无任何磨损或者损坏。

(7) 如图 8.15 所示，测量制动鼓内径。

图 8.15

• 使用游标卡尺测量制动鼓内径。

(8) 如图 8.16 所示，检查制动蹄片在其上面滑动的背板区域的磨损。

图 8.16

检查制动蹄片在其上面滑动的背板区域的磨损的方式:

____;

____;

____;

____;

____。

三、评价与反馈

1. 任务实施考核成绩评定（表 8.2）

表 8.2 汽车底盘制动系实作考核

考核项目及分值	考核内容	评分标准	评分记录
准备工作 10 分	清洁工量具及其工作台	（1）未清洁工量具扣 1 分； （2）未清洁工作台扣 1 分	
制动管路及制动液液位检查 10 分	（1）正确检查制动液液位； （2）正确检查制动管路是否有渗漏； （3）正确检查制动管路是否有损坏	（1）未正确指出制动液扣 2 分； （2）未正确检查制动管路渗漏扣 2 分； （3）未正确检查制动管路损坏扣 3 分	
制动踏板的检查 10 分	（1）正确检查制动踏板工作状况； （2）正确检测制动踏板高度； （3）正确检测制动踏板自由行程	（1）未正确检查工作状况扣 2 分； （2）未正确测出制动踏板高度扣 2 分； （3）未正确测出制动踏板自由行程 3 分	
盘式制动器的检查 30 分	（1）正确测量制动盘的厚度； （2）正确完成制动片的更换； （3）正确检测制动盘的跳动量； （4）正确测量制动盘的内径	（1）未正确测量出厚度扣 2 分； （2）未正确完成制动片更换扣 2 分； （3）未正确测量出制动盘跳动量扣 3 分； （4）未正确测量出制动盘内径扣 3 分	
鼓式制动器的检查 30 分	（1）正确拆装鼓式制动器； （2）正确说出各零部件名称； （3）正确检查各零部件的损坏	（1）未正确拆装扣 5 分； （2）未正确说出零部件名称一次扣 2 分； （3）未正确检查各零部件扣 5 分	
收尾工作 10 分	（1）清洁工具、量具、工作台； （2）工、量具应摆放整齐	（1）未清洁扣 1~3 分； （2）未摆放整齐扣 1 分	
考核时限	完成全部考核内容规定用时为 20 分钟	（1）超时每分钟扣 5 分； （2）超时 5 分钟即停止记分	

2. 任务过程评价与反馈（表 8.3 和表 8.4）

表 8.3 任务过程评价（教师填写）

考核项目	评分标准	分数	成绩	过程评价
劳动纪律	有无迟到、早退和旷工	5		
团队合作	是否和谐	5		
活动参与	是否精彩	5		
安全生产	有无安全隐患	10		
方案制定	是否正确	15		
操作过程	是否正确、熟练	30		

续表 8.3

考核项目	评分标准	分数	成绩	过程评价
任务质量	是否圆满完成	5		
工具、设备使用	是否规范、标准	10		
工单填写	是否完整、规范	5		
现场 5S	是否做到	10		
总　分		100		

注：没有按照操作流程操作，出现人身伤害或设备严重事故，本任务考核结果为 0 分。

表 8.4　任务过程反馈（学生填写）

反馈内容	回答
你是否完成本学习任务，并得到老师的确认？	
你是否能准确有效地收集、分析和组织完成资料，正确地交流信息？	
你是否已经掌握预期的知识和必备的技能？	
你是否充分使用学习资源和按计划有组织地完成任务？	
操作完成水平： 上述表格中的项目应为肯定回答。若不是，应咨询老师。你可以要求附加相关活动，以便完成相关的操作技能。 教师签字：____________ 学生签字：____________ 完成日期：____________	

学习任务九　汽车电气设备主要零部件维护

任务描述

➢ 按照专业水平对汽车电气设备主要零部件进行检测，针对检测的结果和有关现象，调整或更换相关零部件后，进行二级维护。

学习目标

➢ 掌握空调、电瓶、火花塞、雨刮、前灯、后灯、组合仪表、组合开关、门窗组合开关的基本检查。

建议学时

➢ 7 课时。

学习内容

一、任务准备

引导问题 1：在表 9.1 中填写汽车电气设备二级维护项目、维护周期。

表 9.1　汽车电气设备二级维护项目、维护周期

项　目	内　容	周　期
照明，用电器，开关，显示屏，其他控制元件	检查功能	
风窗刮水和清洗系统	检查喷嘴调整和功能	
风窗雨刮片	检查静止位置及是否损坏	
蓄电池	检查酸液液面高度，如需要，补加蒸馏水	
风窗及大灯清洗系统	补加清洗液	
火花塞	更换	
花粉滤清器	更换	
大灯	检查，如需要，进行调整	

引导问题 2：在表 9.2 中填写汽车电气设备二级维护项目的维护内容。

表 9.2　汽车电气设备二级维护项目的维护内容

项　目	内　容
蓄电池	
风挡玻璃/大灯清洗系统	
照明，用电器，开关，显示屏及其他控制元件	
电动玻璃升降器	
空　调	
组合仪表	
风窗刮水和清洗系统	

二、任务实施

引导问题 3：完成本任务，需要使用的工、量具有哪些？

表 9.3　工、量具名称及型号

名　称	型　号

引导问题 4：怎样检查火花塞？

（1）如图 9.1 所示，拆卸分缸线。

图 9.1

• 使用缸线拆装工具，拆卸点火系统高压线。

（2）如图 9.2 所示，拆卸火花塞。

图 9.2

• 使用火花塞套筒拆卸火花塞。

(3) 如图 9.3 所示，取下火花塞。

图 9.3

(4) 如图 9.4 所示，火花塞外观检查。

图 9.4

• 目测火花塞外表面有无裂纹、损坏、积炭、若有则需更换。

(5) 如图 9.5 所示，火花塞间隙的检测与调整。

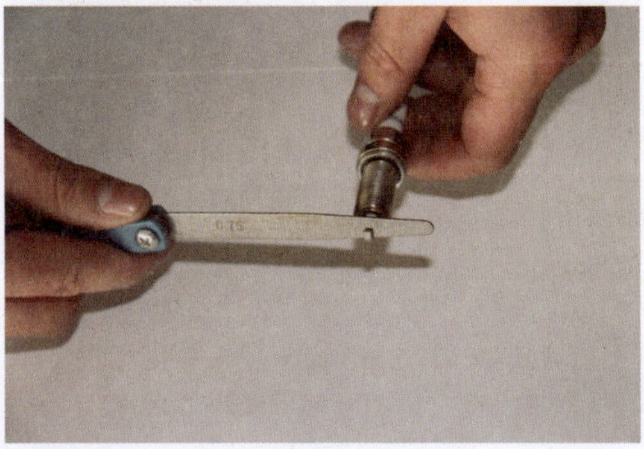

图 9.5

• 火花塞间隙的标准值为：______________mm。

(6) 如图 9.6 所示，火花塞的安装。

图 9.6

• 火花塞拧紧力矩为：__________N · m。

引导问题 5：怎样进行雨刮清洗喷嘴及蓄电池检查？

（1）如图 9.7 所示，检查雨刮清洗喷嘴。

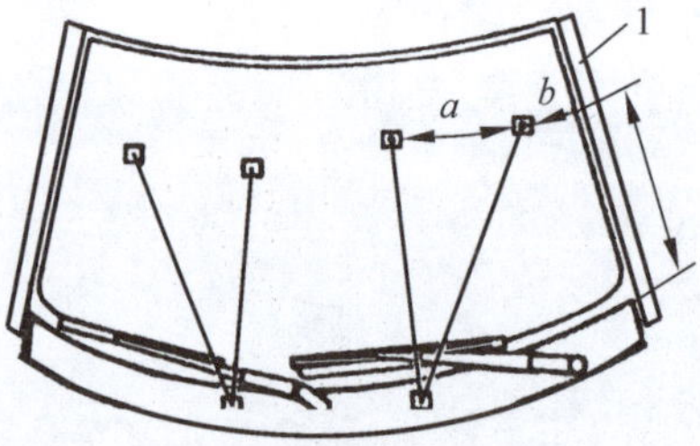

图 9.7

• 用记号笔在风挡玻璃上做上 4 点标记（标记应可擦掉）。

（2）如图 9.8 所示，蓄电池内装密度计的查看。

图 9.8

• 蓄电池的圆点颜色存电量评判，绿色为正常，白色为重充，红色为报废。

引导问题 6：怎样检查前照灯光束、调整及蓄电池？

（1）检查汽车车辆光束调整准备工作：

• 检查汽车备胎。

- 汽车工具。
- 汽车千斤顶。
- 汽车灭火器。
- 汽车轮胎气压正常。
- 车辆停放在平坦场地。
- 汽车距离屏幕或墙壁__________m。
- 后座坐一人或放____________kg 行李。

（2）如图 9.9 所示，检查前照灯光束要求。

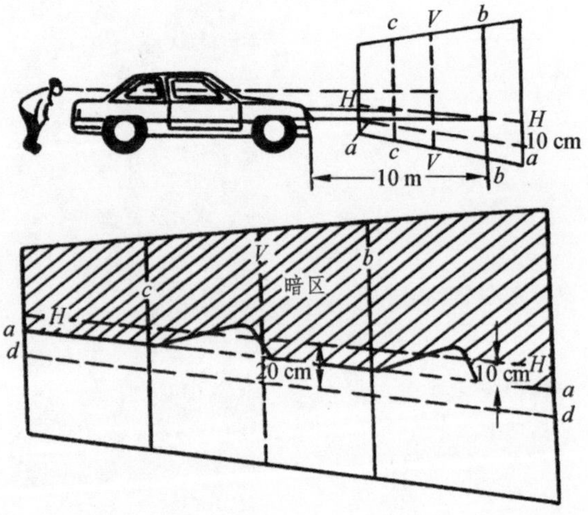

图 9.9

操作步骤：

前照灯光束最低线 *a-a* 应在前照灯水平中心线 *H-H* 下方______cm 处，雾灯光束的下部边线 *d-d* 应在前照灯水平中心线 *H-H* 下方______cm 处。

（3）如图 9.10 所示，前照灯光束的调整。

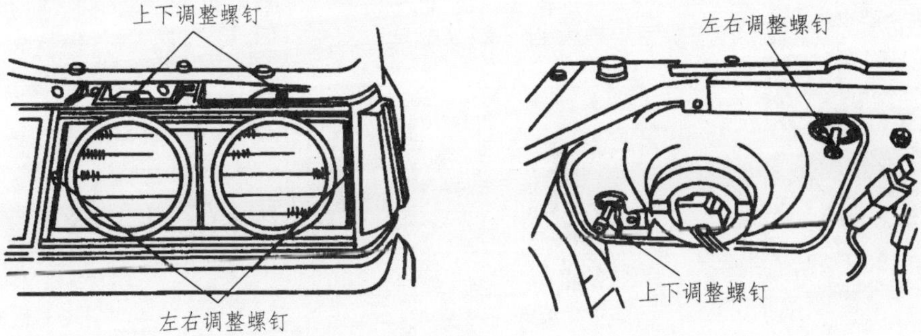

图 9.10

• 前照灯的水平光束，用光束水平方向的左右调整螺钉进行调整，前照灯的垂直光束，用光束垂直方向上下调整螺钉进行调整。

三、评价与反馈

1. 任务实施考核成绩评定（表 9.4）

表 9.4　汽车蓄电池实作考核

考核项目及分值	考核内容	评分标准	评分记录
准备工作 10 分	清洁工量具及其工作台	（1）未清洁工量具扣 1 分； （2）未清洁工作台扣 1 分	
蓄电池检测 40 分	（1）蓄电池检测； （2）蓄电池外观检查； （3）目测液面高度； （4）检查电缆和端头； （5)用万用表测蓄电池的开路电压和漏电状态； （6）观察免维护蓄电池内装密度计	（1）未放稳扣 1 分；方向错误扣 2 分； （2）未清洁扣 5 分； （3）检查方法错误扣 5 分； （4）检查部位错误扣 5 分； （5）量具落地每次扣 8 分	
蓄电池的充电 40 分	（1）正确连接充电机和蓄电池； （2）正确说出部件名称； （3）正确按照步骤操作给蓄电池充电	（1）未正确说出部件名称一次扣 2 分； （2）未正确按照操作步骤连接一次扣 3 分	
收尾工作 10 分	（1）清洁工具、量具、工作台； （2）工、量具应摆放整齐	（1）未清洁扣 1～3 分； （2）未摆放整齐扣 1 分	
考核时限	完成全部考核内容规定用时为 20 分钟	（1）超时每分钟扣 5 分； （2）超时 5 分钟即停止记分	

2. 任务过程评价与反馈（表 9.5 和表 9.6）

表 9.5　任务过程评价（教师填写）

考核项目	评分标准	分数	成绩	过程评价
劳动纪律	有无迟到、早退和旷工	5		
团队合作	是否和谐	5		
活动参与	是否精彩	5		
安全生产	有无安全隐患	10		
方案制定	是否正确	15		
操作过程	是否正确、熟练	30		
任务质量	是否圆满完成	5		
工具、设备使用	是否规范、标准	10		
工单填写	是否完整、规范	5		
现场 5S	是否做到	10		

总　分	100		

注：没有按照操作流程操作，出现人身伤害或设备严重事故，本任务考核结果为0分。

表 9.6　任务过程反馈（学生填写）

反馈内容	回　答
你是否完成本学习任务，并得到老师的确认？	
你是否能准确有效地收集、分析和组织完成资料，正确地交流信息？	
你是否已经掌握预期的知识和必备的技能？	
你是否充分使用学习资源和按计划有组织地完成任务？	
操作完成水平： 上述表格中的项目应为肯定回答。若不是，应咨询老师。你可以要求附加相关活动，以便完成相关的操作技能。 教师签字：＿＿＿＿ 学生签字：＿＿＿＿ 完成日期：＿＿＿＿	

学习任务十　汽车 20 000 公里保养工单

表 10.1

顶起位置	汽车位置	检查位置
顶起位置1	 顶起位置一： 举升机没有升起时	车灯（驾驶人座椅）
		风窗玻璃喷洗器
		风窗玻璃刮水器
		喇　叭
		驻车制动器
		制动器踏板
		转向盘
		门控灯开关
		车身的螺母和螺栓
		悬　架
		车　灯
		备用轮胎
顶起位置2	 顶起位置二： 举升机稍稍升起时	球节（不查）
顶起位置3	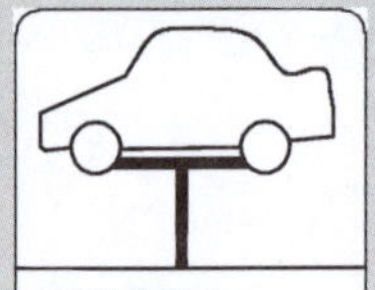 顶起位置三： 举升机处于高位时	发动机机油（排放）
		M/T 液（AT 液）
		驱动轴护套
		转向连接机构

顶起位置	汽车位置	检查任务
顶起位置5	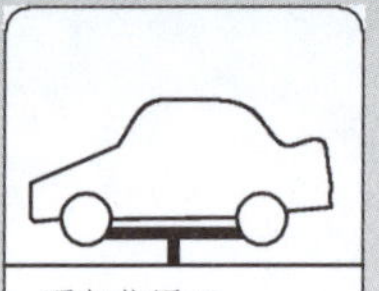 顶起位置五： 举升机处于低位时	制动器拖带
		补气制动液
顶起位置6	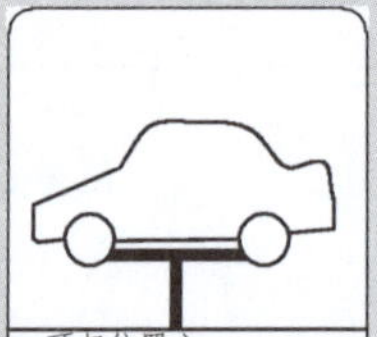 顶起位置六： 举升机处于中位时	制动管路放空气
		车轮的临时安装
顶起位置7	 顶起位置七：举升机处于低位时，轮胎触及地面	发动机加油（加注）
		发动机冷却液
		散热器盖
		火花塞
		蓄电池
		制动液
		制动管路
		离合器液
		空气滤清器
		炭　罐
顶起位置7	 顶起位置七：举升机处于低位时，轮胎触及地面	前减震器上支架
		喷洗液
		轮毂螺母重新上紧
		PCV 系统

续表 10.1

顶起位置	汽车位置	检查位置
顶起位置3	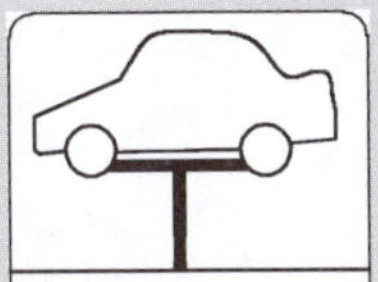 顶起位置三： 举升机处于高位时	动力转向液
		手动转向机
		燃油管路
		排气管和安装件
		螺母和螺栓（车辆下）
		悬　架
		传动皮带检查
		发动机机油滤清器
		发动机机油排放塞
顶起位置4	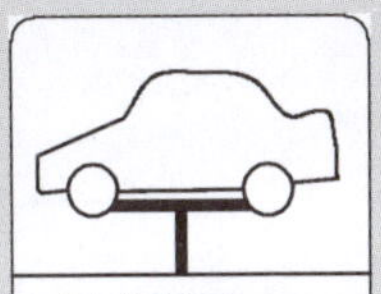 顶起位置四： 举升机处于中位时	车轮轴承
		拆卸车轮
		轮　胎
		盘式制动器
		鼓式制动器

顶起位置	汽车位置	检查任务
顶起位置7	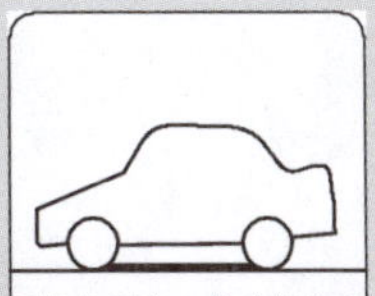 顶起位置七：举升机处于低位时，轮胎触及地面	发动机冷却液
		自动传动桥液
		空调
		动力转向液
		发动机机油
		气门间隙
		燃油滤清器
顶起位置8	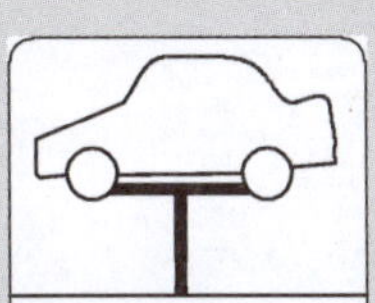 顶起位置八： 举升机处于高位时	复查检查
顶起位置9	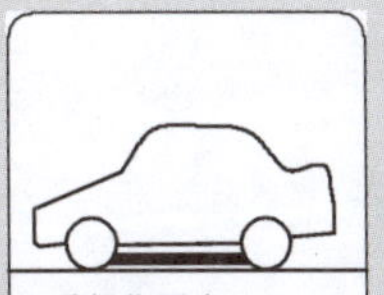 顶起位置九： 举升机没有升起时	清洁每个部件
		车辆保养

（一）顶起位置 1（1）　（注：汽车在地面）　定期保养任务（共有_____项）

作业记录	考核项目	评分标准
1. 预检工作		
	1）驾驶人座椅	
	（1）安装地板垫	地板垫方向位置装错扣 0.5 分，未安装扣 1 分
	（2）安装桌椅套	铺放不到位未盖满扣 0.5 分，撕裂扣 0.5 分，未装扣 1 分
	（3）安装方向盘套	转向盘套不到位扣 0.5 分，撕裂扣 0.5 分，未装扣 1 分
	（4）安装换挡杆套	暂不操作
	（5）拉起发动机舱盖释放杆	释放杆未一次拉起扣 0.5 分，未拉扣 1 分

续表 10.1

作业记录			考核项目	评分标准
			2）车辆前部	
			（1）安装车轮挡块	任意论前后，要求必须和车轮前缘平齐，不允许超过车轮。否则扣 0.5 分，如果其中一个挡块未安装扣 1 分
			（2）安装尾气管	未双手安装扣 0.5 分，掉落扣 0.5 分，未安装扣 1 分
			（3）打开发动机舱盖	锁扣没一次性打开扣 0.5 分。机盖支撑不牢固扣 1 分
			（4）安装叶子板布	动作位置正确，安防可靠，不影响作业。否则扣 0.5 分
			（5）安装前格栅布	动作位置正确，安防可靠，不影响作业。否则扣 0.5 分
			3）发动机室	
			（1）检查喷洗液液面	液位尺标线，要求标尺拉出到能看到标记状态，标尺拉出长度不够，无法看见液位尺标线扣 0.5 分，有液体滴落扣 0.5 分，未擦扣 0.5 分，读数错误扣 1 分
			（2）检查发动机冷却液液面	用手摇晃冷却罐扣 0.5 分，读数错误扣 0.5 分
			（3）检查发动机机油	有尺标线，注意油尺上扬，机油加注量以 3/4 上线，在抽揷状态检查，否则扣 0.5 分，有液体滴落扣 0.5 分，未擦干扣 0.5 分，读数错误扣 1 分
			（4）检查制动液液面	用手摇晃冷却罐扣 0.5 分，读数错误扣 0.5 分
			（5）检查离合器总泵液体泄漏	用手摇晃冷却罐扣 0.5 分，读数错误扣 0.5 分
			（6）拆除叶子板布	动作错误扣 0.5 分，掉落扣 0.5 分，叠放不整齐扣 0.5 分
			（7）拆除前格栅布	动作错误扣 0.5 分，掉落扣 0.5 分，叠放不整齐扣 0.5 分
			（8）关闭发动机舱盖	轻轻放下，用双手在中间轻轻按下，否则各扣 0.5 分
2. 驾驶人座椅				
	左	右	1）车灯[一个人车内操作，一人检查报结果，灯光检查不起动发动机，否则扣 1 分]	
			（1）检查仪表板灯点亮（打开点火开关 ON 位置）	检查不正确扣 1 分
			（2）检查顶灯点亮	坐在车内用顶灯开关控制顶灯，检查错误扣 1 分
			（3）将顶灯开关旋至“DOOR”位置（外部检查准备）	未操作扣 1 分

续表 10.1

作业记录			考核项目	评分标准
			（4）检查示宽灯点亮	灯开错，报错，未检查扣 1 分
			（5）检查前照灯（LO）点亮（近光灯）	灯开错，报错，未检查扣 1 分
			（6）检查前照灯（HI）和指示灯点亮	灯开错，报错，未检查扣 1 分
			（7）检查前照灯闪光器开光和指示灯点亮	灯开错，报错，未检查扣 1 分
			（8）检查转向信号灯和指示灯点亮（前）	灯开错，报错，未检查扣 1 分
			（9）检查危险警告灯和指示灯点亮（前）	灯开错，报错，未检查扣 1 分
			（10）检查检查变光器开关自动回位功能	指转向盘放正，搬动组合开关至某一侧，转动转向盘能自动复位，操作完后应将转向盘放正，否则扣 0.5 分，灯开错，报错，未检查扣 1 分
			（11）检查尾灯点亮	灯开错，报错，未检查扣 1 分
			（12）检查牌照灯点亮	灯开错，报错，未检查扣 1 分
			（13）检查转向信号灯和指示灯点亮	灯开错，报错，未检查扣 1 分
			（14）检查制动灯点亮（后）	灯开错，报错，未检查扣 1 分
			（15）检查倒车灯点亮	灯开错，报错，未检查扣 1 分
			（16）检查危险警告灯和指示灯点亮	灯开错，报错，未检查扣 1 分
			（17）检查组合仪表警告灯：点亮和熄灭（起动发动机）	起动发动机前后的仪表指示灯的点亮和熄灭（可作为故障）充电、油压、MIL、ABS 等，检查错误则扣 1 分
	左	右	2）风窗玻璃喷洗器	
			（1）检查喷射状态	操作错误扣 0.5 分，未报扣 0.5 分,检查错误扣 1 分
			（2）检查喷射位置	操作错误扣 0.5 分，未报扣 0.5 分,检查错误扣 1 分
			（3）检查喷射时刮水器联动（检查当玻璃喷洗器时刮水器的工作状况）	目测，平稳、无异响，风挡上应先喷水，动作实际在 36 项做，这里报出结果，报错扣 0.5，检查错误扣 1 分
			3）风窗玻璃刮水器（操作前风挡上要有喷洗液，一个挡位一次）	
			（1）检查工作情况（低速）	雨刮器低速动作正常，动作平稳，检错扣 1 分
			（2）检查工作情况（高速）	雨刮器高速动作正常，动作平稳，检错扣 1 分
			（3）检查工作状况（间隙功能）	间歇动作正常，检错扣 1 分
			（4）检查工作情况（除雾功能）	除雾动作正常，检错扣 1 分
			（5）检查停止位置	确认动作，在任意位置停止，应自动复位，检错扣 1 分
			（6）检查刮拭状况	刮水效果，无水痕，范围位置，检错扣 1 分

续表 10.1

作业记录			考核项目	评分标准
			4）发动机起动任务[没起动发动机扣 1 分]	
			（1）测量转向盘自由行程（＜30 mm）	转向盘在水平位置扣 0.5 分，车外轮没看扣 0.5 分，读书错误扣 0.5 分，检查标准判断错误扣 1 分
			（2）测量制动器踏板行程余量（＞60 mm）	驻车制动杆未松开口 0.5 分，测量时未踩住制动踏板扣 0.5 分，驻车制动杆未复位扣 0.5 分，读数错误扣 0.5 分，检查标准判断错误扣 1 分
			（3）测量离合器分离点余量（25 mm）	挡位操作不正确扣 0.5 分，测量时未踩住驻车制动踏板扣 0.5 分，读数错误扣 0.5 分，检查标准判断错误扣 0.5 分
			（4）检查离合器磨损、噪声和沉重度	未换挡扣 0.5 分，检查错误扣 0.5 分
			（5）检查制动助力器气密性（空气阀：高度变高）（熄火）	未熄火扣 0.5 分，踩制动踏板方法不正确扣 0.5，判断错误扣 1 分
			（6）检查制动助力器工作状况（下沉）（起动发动机）	脚踩制动踏板起动发动机，否则扣 0.5 分，判断下沉不正确扣 1 分
			（7）检查制动助力器真空功能（控制阀：高度不变）（熄火）	脚踩制动踏板保持 30s，否则扣 0.5 分，未熄火扣 0.5 分，高度不变判断错误扣 1 分
			5）喇叭	
			检查工作状况	点火开关未打开扣 0.5 分，中间位置，左边，右边，打开方向位置未操作扣 0.5 分，转向盘未回位扣 0.5 分
			6）驻车制动器	
			（1）检查驻车制动杆行程（2～3 响）	拉 2～3 牙，注意过程和数牙，报错扣 1 分
			（2）检查驻车制动器指示灯点亮	拉动第一个牙仪表指示灯应亮，放下应灭
			7）制动器	
			（1）检查制动器踏板应用状况（响应性）	报错扣 0.5 分，检查错误扣 1 分
			（2）检查制动器踏板应用状况（完全踩下）	报错扣 0.5 分，检查错误扣 1 分
			（3）检查制动器踏板应用状况（异常噪声）	报错扣 0.5 分，检查错误扣 1 分
			（4）检查制动器踏板应用状况（过度松动）	报错扣 0.5 分，检查错误扣 1 分
			（5）测量制动器踏板高度（136～146 mm）	直尺测量否垂直于地板面扣 0.5 分，读数为加地板厚度扣 0.5 分，报数不正确扣 0.5 分，测量位置不正确扣 0.5 分，检查错误扣 1 分
			（6）测量制动器踏板自由行程（1～6 mm）	直尺测量否垂直于底板面扣 0.5 分，报数不正确扣 0.5 分，测量位置不正确扣 0.5 分，检查错误扣 1 分
			8）离合器	
			（1）检查离合器踏板状况（踏板回弹无力）	报错扣 0.5 分，检查错扣 1 分

续表 10.1

作业记录				考核项目	评分标准
				（2）检查离合器踏板状况（异常噪声）	报错扣 0.5 分，检查错扣 1 分
				（3）检查离合器踏板状况（过度松动）	报错扣 0.5 分，检查错扣 1 分
				（4）检查离合器踏板状况（踏板沉重感觉）	报错扣 0.5 分，检查错扣 1 分
				（5）测量离合器踏板高度（134～144 mm）	直尺测量否垂直于地板面扣 0.5 分，读数为加地板厚度扣 0.5 分，报数不正确扣 0.5 分，测量位置不正确扣 0.5 分，检查错误扣 1 分
				（6）测量离合器踏板自由行程（15～25 mm）	尺测量否垂直于底板面扣 0.5 分，报数不正确扣 0.5 分，测量位置不正确扣 0.5 分，检查错误扣 1 分
				9）转向盘	
				（1）检查松弛和摆动	上下，左右位置未操作扣 0.5 分，检查不正确扣 1 分
				（2）检查 ACC 位置转向盘可否自由移动	点火开关未到 ACC 位置扣 1 分，左右转向盘未打扣 0.5 分，转向盘未复位扣 0.5 分
				10）外部检查准备	
				打开点火开关	
				（1）打开行李厢门	行李箱未打开扣 1 分
				（2）打开燃油盖	油箱未打开扣 1 分
				（3）将换挡杆置于空挡	未换到空挡扣 1 分
				（4）释放驻车制动杆	释放驻车制动杆为一次拉起扣 0.5 分，未拉扣 1 分
3. 左前车门					
				1）车身螺母和螺栓	
				（1）检查车门的螺栓和螺母是否松动	车门打开动作不到位扣 0.5 分，稍微上下摇晃扣 0.5 分，未用扳手扣 0.5 分，未检查铰链扣 0.5 分，判断错误扣 1 分
				（2）检查座椅的螺栓和螺母是否松动	座椅未前后左右摇晃扣 0.5 分，未上下摇晃扣 0.5 分，未复位扣 0.5 分，判断错误扣 1 分
				（3）检查座椅安全带的螺栓和螺母是否松动	拉出时未用力扣 0.5 分，扣上扣子时未用力拉安全带扣 0.5 分，位置调节操作扣 0.5 分，自动回位未操作扣 0.5 分，检查错误扣 1 分
				2）门控灯开关	
				检查工作情况（顶灯和指示灯工作情况）	关门前未检查两灯扣 0.5 分，关门后未检查门控灯扣 1 分，未检查指示灯扣 1 分，检查错误扣 1 分

续表 10.1

作业记录			考核项目	评分标准
4. 左后车门				
			1）车身螺母和螺栓	
			（1）检查车门的螺栓和螺母是否松动	车门打开动作不到位扣 0.5 分，稍微上下摇晃扣 0.5 分，未用扳手扣 0.5 分，为检查铰链扣 0.5 分，判断错误扣 1 分
			（2）检查座椅的螺栓和螺母是否松动	座椅未前后左右摇晃扣 0.5 分，未上下摇晃扣 0.5 分，未复位扣 0.5 分，判断错误扣 1 分
			（3）检查座椅安全带的螺栓和螺母是否松动	拉出时未用力扣 0.5 分，扣上扣子时未用力拉安全带扣 0.5 分，位置调节操作扣 0.5 分，自动回位未操作扣 0.5 分，检查错误扣 1 分
			2）门控灯开关	
			检查工作情况（顶灯和指示灯工作情况）	关门前未检查两灯扣 0.5 分，关门后未检查门控灯扣 1 分，未检查指示灯扣 1 分，检查错误扣 1 分
5. 油箱盖				
			油箱盖	
			（1）检查是否变形和损坏	油箱盖为检查，密封垫片未检查各扣 0.5 分
			（2）检查连接状况	油箱盖未能被正常上紧扣 1 分
			（3）检查扭矩限制器工作情况	旋紧时是否声音锁止，没有扣 1 分
6. 后　部				
			1）螺母和螺栓	
			检查行李舱门的螺栓和螺母是否松动	行李箱门打开动作不到位扣 0.5 分，未上下摇晃扣 0.5 分，未用扳手扣 0.5 分，判断错误扣 1 分
			2）备用轮胎	
			（1）检查是否有裂纹和损坏	轮胎未转到一圈扣 0.5 分，未检查出来扣 1 分
			（2）检查是否嵌入金属颗粒或其他异物	未检查出来扣 1 分
			（3）测量胎面沟槽深度（测量规）	未清洁对零深度计扣 0.5 分，未四道三点测量扣 0.5 分，未旋转到 120° 扣 0.5 分，测量结果错误扣 1 分
			（4）检查是否有异常磨损	未检查出口 1 分
			（5）检查气压（240 kPa）	未旋开气门嘴盖扣 0.5 分，气压表未校零扣 0.5 分，气压读数不正确扣 0.5 分，判断错误扣 1 分
			（6）检查是否漏气	肥皂水滴落扣 0.5 分，肥皂水未滴气门嘴扣 0.5 分，判断错误扣 1 分，气门嘴未清洁扣 0.5 分，气门嘴未盖上扣 1 分

续表 10.1

作业记录			考核项目	评分标准
			3）尾气管	
			拆除尾气管	未双手拆扣 0.5 分，盖子未拆扣 0.5 分，未复位扣 0.5 分
			4）车灯	
			（1）检查安装状况	未晃动检查扣 0.5 分，判断错误扣 1 分
			（2）检查是否损坏和有污垢	动作不到位扣 0.5 分，判断错误扣 1 分
			5）悬架	
			（1）检查减震器的减震力	上下摇动车身两次，感觉缓冲力，每个角上下压车身。感觉缓冲力，然后再中间压一下，未按此操作扣 1 分，判断错误扣 1 分
			（2）检查车辆倾斜度	未蹲下站中间位置扣 0.5 分，蹲的姿势不正确扣 0.5 分，未左右观察判断扣 0.5 分，检查错误扣 1 分
7. 右后车门				
			1）车身螺母和螺栓	
			（1）检查车门的螺栓和螺母是否松动	车门打开动作不到位扣 0.5 分，稍微上下摇晃扣 0.5 分，未用扳手扣 0.5 分，未检查铰链扣 0.5 分，判断错误扣 1 分
			（2）检查座椅的螺栓和螺母是否松动	座椅未前后左右摇晃扣 0.5 分，未上下摇晃扣 0.5 分，未复位扣 0.5 分，判断错误扣 1 分
			（3）检查座椅安全带的螺栓和螺母是否松动	拉出时未用力扣 0.5 分，扣上扣子时未用力拉安全带扣 0.5 分，位置调节操作扣 0.5 分，自动回位未操作扣 0.5 分，检查错误扣 1 分
			2）门控灯开关	
			检查工作情况（顶灯和指示灯工作情况）	关门前未检查两灯扣 0.5 分，关门后未检查门控灯扣 1 分，未检查指示灯扣 1 分，检查错误扣 1 分
8. 右前车门				
			1）车身螺母和螺栓	
			（1）检查车门的螺栓和螺母是否松动	车门打开动作不到位扣 0.5 分，稍微上下摇晃扣 0.5 分，未用扳手扣 0.5 分，为检查铰链扣 0.5 分，判断错误扣 1 分
			（2）检查座椅的螺栓和螺母是否松动	座椅未前后左右摇晃扣 0.5 分，未上下摇晃扣 0.5 分，未复位扣 0.5 分，判断错误扣 1 分
			（3）检查座椅安全带的螺栓和螺母是否松动	拉出时未用力扣 0.5 分，扣上扣子时未用力拉安全带扣 0.5 分，位置调节操作扣 0.5 分，自动回位未操作扣 0.5 分，检查错误扣 1 分

续表 10.1

作业记录			考核项目	评分标准
			2）空调	
			更换空调空气滤清器	防火墙拆法不对扣 0.5 分，空气滤清器未检查扣 0.5 分，空气滤清器安装方法不对扣 0.5 分，防火墙未复位扣 0.5 分
			3）门控灯开关	
			（1）检查工作情况（顶灯和指示灯工作情况）	关门前未检查两灯扣 0.5 分，关门后未检查门控灯扣 1 分，未检查指示灯扣 1 分，检查错误扣 1 分
			（2）关闭点火开关（ACC 位置）	点火开关未至 ACC 位置扣 1 分
			（3）关闭顶灯（OFF 位置）	顶灯未关闭扣 1 分
9. 前　部				
			1）灯	
			（1）检查安装状况	未晃动检查扣 0.5 分，判断错误扣 1 分
			（2）检查是否损坏和有污垢	动作不到位扣 0.5 分，判断错误扣 1 分
			2）悬架	
			（1）检查减振器的阻尼状态	上下摇动车身两次，感觉缓冲力，每个角上下压车身。感觉缓冲力，然后再中间压一下，未按此操作扣 1 分，判断错误扣 1 分
			（2）检查车辆倾斜度	未蹲下站中间位置扣 0.5 分，蹲的姿势不正确扣 0.5 分，未左右观察判断扣 0.5 分，检查错误扣 1 分
			3）发动机舱	
			（1）检查发动机舱盖的螺栓和螺母是否松动	发动机盖打开是否正确扣 0.5 分，是否晃动发动机盖检查扣 0.5 分，未用扳手扣 0.5 分，检查错误扣 1 分
			（2）安装翼子板布	动作位置正确，安放可靠，不影响作业，否则扣 0.5 分
			（3）安装前格栅布	动作位置正确，安放可靠，不影响作业，否则扣 0.5 分
			（4）拆卸机油加注口盖	机油加注盖未放置车上扣 0.5 分，盖上未放置毛巾扣 0.5 分，未打开扣 1 分
10. 举升准备				
			1）举升准备	
			（1）安装举升机支架	支架安装不到位扣 1 分
			（2）举升（OK 锁止正常）	举升没报扣 0.5 分，车身周围障碍物没检查扣 0.5 分，举升位置不到位扣 0.5 分

续表 10.1

作业记录			考核项目	评分标准
			（3）检查举升机支架和锁止	支架安装情况未检查扣 1 分，锁止未检查扣 1 分
			（4）举升（OK 锁止正常）（把车举到离地面 10 cm）	举升没报扣 0.5 分，车身周围障碍物没检查扣 0.5 分，举升位置不到位扣 0.5 分
			（5）检查车身安全	前后车身安全未检查扣 1 分
			（6）拆除车轮挡块	挡块拆除没拆扣 1 分，未放置到位扣 0.5 分
			（7）再次检查举升机支架和锁止	支架安装情况未查，锁止未查扣 0.5 分
			（8）举升（OK 锁止正常）（把车举到位置 2）	举升没报扣 0.5 分，车身周围障碍物没检查扣 0.5 分，举升位置不到位扣 0.5 分

（三）顶起位置 3（1/1）（注：汽车举到离地面 20 cm 高度）定期保养任务（共有 83 项）

作业记录			考核项目	评分标准
1. 底　盘				
			1）发动机机油（排放）	
			（1）检查是否漏油（发动机各部位的配合表面）	未用手电筒检查扣 0.5 分，各接触面未全部检查到位扣 0.5 分，判断不正确扣 0.5 分
			（2）检查是否漏油（油封）	两侧油封未正确扣 0.5 分
			（3）检查是否漏油（排放塞）	排放塞检查未正确扣 0.5 分
			2）手动传动桥	
			（1）检查是否漏油（油封、壳配合面区域）	用手电检查壳配合面未到位扣 0.5 分
			（2）检查是否漏油（轴与拉索伸出的区域）	轴拉索检查未到位扣 0.5 分
			（3）检查是否漏油（排放塞与加注口塞区域）	油封检查未到位扣 0.5 分
			（4）检查油位	套筒扳手选用不正确扣 0.5 分，用手旋出时螺母掉落扣 1 分，手碰到油扣 0.5 分，油位检查不正确扣 1 分，螺母不牢固扭矩没紧扣 0.5 分
			3）自动传动桥	
			（1）检查是否漏油（油封、壳配合面区域）	手电检查壳配合面未到位扣 0.5 分
			（2）检查是否漏油（轴与拉索伸出的区域）	轴拉索检查未到位扣 0.5 分
			（3）检查是否漏油（排放塞与加注口塞区域）	排放塞检查未到位扣 0.5 分
			（4）检查油位	套筒扳手选用未正确扣 0.5 分，用手旋出时螺母掉落扣 1 分，手碰到油扣 0.5 分，油位检查不正确扣 1 分，螺母不牢固

续表 10.1

作业记录			考核项目	评分标准
	左	右	4）驱动轴护套	
			（1）检查是否有裂纹、损坏（外侧）	未转动车轮检查扣 0.5 分，内外侧有漏检查的扣 0.5 分，前后没检查到位扣 0.5 分，未用手电筒扣 0.5 分，检查判断错误扣 1 分
			（2）检查是否有裂纹、损坏（内侧）	未转动车轮检查扣 0.5 分，内外侧有漏检查的扣 0.5 分，前后没检查到位扣 0.5 分，未用手电筒扣 0.5 分，检查判断错误扣 1 分
			（3）检查是否有泄漏（外侧）	未用手摸检查扣 0.5 分，判断错误扣 1 分
			（4）检查是否有泄漏（内侧）	未用手摸检查扣 0.5 分，判断错误扣 1 分
	左	右	5）手动转向机	
			检查齿轮箱是否有润滑脂或机油渗漏	未用手电筒扣 0.5 分，齿轮箱各部位未检查到位扣 0.5 分，判断错误扣 1 分
	右前		6）制动管路	
			（1）检查是否泄漏	制动管未全部检查到扣 0.5 分，检查错误扣 1 分
			（2）检查制动管路上的压痕或其他损坏	检查不到位扣 0.5 分，错误扣 1 分
			（3）检查制动管路软管扭曲、裂纹和凸起	检查不到位扣 0.5 分，错误扣 1 分
			（4）检查制动器管道和软管的安装状况（松旷）	轮胎未转向扣 0.5 分，检查时未转动扣 0.5 分，检查完成后车轮未复位扣 0.5 分，检查错误扣 1 分
	右前		7）悬架	
			（1）检查是否损坏（减振器）	未用手电晃动检查扣 0.5 分，判断错扣 1 分
			（2）检查是否损坏（减振器螺旋弹簧）	未拉扣 0.5 分，判断错扣 1 分
			（3）检查减震器是否漏油	未用手电手摸检查扣 0.5 分
			（4）检查是否损坏（转向节）	未晃动检查扣 0.5 分
			（5）检查是否损坏（下臂）	下臂未晃动检查扣 0.5 分
	左前		8）制动管路	
			（1）检查是否泄漏	制动管路未全部检查到位扣 0.5 分，检查错误扣 1 分
			（2）检查制动管路上的压痕或其他损坏	未检查到位扣 0.5 分，错误扣 1 分
			（3）检查制动管路软管扭曲、裂纹和凸起	未检查到位扣 0.5 分，错误扣 1 分
			（4）检查制动器管道和软管的安装状况（松旷）	轮胎未转向扣 0.5 分，检查时未转动扣 0.5 分，检查完成后车轮未复位扣 0.5 分，检查错误扣 1 分
	左前		9）悬架	
			（1）检查是否损坏（减震器）	未用手电晃动检查扣 0.5 分，判断错误扣 1 分
			（2）检查是否损坏（减震器螺旋弹簧）	未拉扣 0.5 分，判断错扣 1 分

续表 10.1

作业记录	考核项目	评分标准
	（3）检查减震器机油是否泄漏	未用手电手摸检查扣 0.5 分
	（4）检查是否损坏（转向节）	未晃动检查扣 0.5 分
	（5）检查是否损坏（下臂）	未晃动检查扣 0.5 分
	（6）检查有无损坏（稳定杆）	未晃动检查扣 0.5 分
左右	10）转向连接机构	
	（1）检查是否松动和摇摆	双手未前后上下晃动扣 0.5 分，未做扣 0.5 分
	（2）检查有无弯曲和损坏	两侧有一边未检查扣 0.5 分
	（3）检查方正涛是都裂开和撕破	未用手电扣 0.5 分，漏检扣 0.5 分
右后	11）制动管路	
	（1）检查是否泄漏	制动管路未全部检查到扣 0.5 分，检查错误扣 1 分
	（2）检查制动管路上的压痕或其他损坏	检查不到位扣 0.5 分，错误扣 1 分
	（3）检查制动管路软管扭曲、裂纹和凸起	检查不到位扣 0.5 分，错误扣 1 分
	（4）检查制动管器管道和软管的安装状况	轮胎未转向扣 0.5 分，检查时未转动扣 0.5 分，检查完成后车轮未复位扣 0.5 分，检查错误扣 1 分
左后	12）悬架	
	（1）检查是否损坏减震器	未用手电晃动检查扣 0.5 分，判断错扣 1 分
	（2）检查是否损坏（减震器螺旋弹簧）	未拉扣 0.5 分，判断错扣 1 分
	（3）检查减震器机油是否泄漏	未用手电手摸检查扣 0.5 分
	（4）检查有无损坏（拖臂和后桥）	未晃动检查扣 0.5 分
	（5）检查有无损坏（稳定杆）	未晃动检查扣 0.5 分
左后	13）制动管路	
	（1）检查是否泄漏	制动管路未全部检查到扣 0.5 分，检查错误扣 1 分
	（2）检查制动管路上的压痕或其他损坏	检查不到位扣 0.5 分，错误扣 1 分
	（3）检查制动管路软管扭曲、裂纹和凸起	检查不到位扣 0.5 分，错误扣 1 分
	（4）检查制动管器管道和软管的安装状况	轮胎未转向扣 0.5 分，检查时未转动扣 0.5 分，检查完成后车轮未复位扣 0.5 分，检查错误扣 1 分
左后	14）悬架	
	（1）检查是否损坏（减震器）	未用手电晃动检查扣 0.5 分，判断错扣 1 分
	（2）检查是否损坏（减震器螺旋弹簧）	未拉扣 0.5 分，判断错扣 1 分
	（3）检查减震器机油是否泄漏	未用手电手摸检查扣 0.5 分
	15）燃油管路	
	（1）检查燃油是否有泄漏	未全部检查到位扣 0.5 分，判断错误扣 1 分

续表 10.1

作业记录			考核项目	评分标准
			（2）检查燃油管路是否损坏	前后各管路未检查到位扣 0.5 分，未检扣 1 分
			16）排气管和安装件	
			（1）检查排气管是否损坏	排气管未来回检查扣 0.5 分，判断错误扣 1 分
			（2）检查消声器是否损坏	检查不到位扣 0.5 分，未检扣 1 分
			（3）检查排气安装件 O 形圈是否损坏或脱落	漏检扣 1 分，未检扣 1 分
			（4）检查密封垫片损坏	两个少一个检查扣 0.5 分，未做完扣 1 分
			（5）检查排气是否泄漏	未来回检查扣 0.5 分，未检查扣 1 分
			17）螺母和螺栓（车辆底部）	
			（1）后减震器×后桥（2×17 DT70 N · m）	选用工具不正确扣 0.5 分，扳力紧时打滑扣 0.5 分，方向不正确扣 0.5 分，手工具碰到车身零件扣 0.5 分，报紧错扣 0.5 分，掉落扣 1 分，未做扣 1 分
			（2）后桥×车身（2×19 DT70 N · m）	选用工具不正确扣 0.5 分，扳力紧时打滑扣 0.5 分，方向不正确扣 0.5 分，手工具碰到车身零件扣 0.5 分，报紧错扣 0.5 分，掉落扣 1 分，未做扣 1 分
			（3）支架×车身（6×17 DT70 N · m）	选用工具不正确扣 0.5 分，扳力紧时打滑扣 0.5 分，方向不正确扣 0.5 分，手工具碰到车身零件扣 0.5 分，报紧错扣 0.5 分，掉落扣 1 分，未做扣 1 分
			（4）制动卡钳×转向节（4×15DT70 N · m）	选用工具不正确扣 0.5 分，扳力紧时打滑扣 0.5 分，方向不正确扣 0.5 分，手工具碰到车身零件扣 0.5 分，报紧错扣 0.5 分，掉落扣 1 分，未做扣 1 分
			（5）排气管（6×17、14 DT45 N · m）	选用工具不正确扣 0.5 分，扳力紧时打滑扣 0.5 分，方向不正确扣 0.5 分，手工具碰到车身零件扣 0.5 分，报紧错扣 0.5 分，掉落扣 1 分，未做扣 1 分，选用工具不正确扣 0.5 分，扳力紧时打滑扣 0.5 分，方向不正确扣 0.5 分，手工具碰到车身零件扣 0.5 分，报紧错扣 0.5 分，掉落扣 1 分，未做扣 1 分
			（6）燃油箱（2×13 DT 25 N · m）	选用工具不正确扣 0.5 分，扳力紧时打滑扣 0.5 分，方向不正确扣 0.5 分，手工具碰到车身零件扣 0.5 分，报紧错扣 0.5 分，掉落扣 1 分，未做扣 1 分
			（7）下摇臂×悬架（4×17 DT60 N · m）	选用工具不正确扣 0.5 分，扳力紧时打滑扣 0.5 分，方向不正确扣 0.5 分，手工具碰到车身零件扣 0.5 分，报紧错扣 0.5 分，掉落扣 1 分，未做扣 1 分

续表 10.1

作业记录			考核项目	评分标准
			（8）悬架×车身（4×1DT 70 N·m）	选用工具不正确扣 0.5 分，扳力紧时打滑扣 0.5 分，方向不正确扣 0.5 分，手工具碰到车身零件扣 0.5 分，报紧错扣 0.5 分，掉落扣 1 分，未做扣 1 分
			（9）带球销可调节头放松螺母（2×17 DT30 N·m）	选用工具不正确扣 0.5 分，扳力紧时打滑扣 0.5 分，方向不正确扣 0.5 分，手工具碰到车身零件扣 0.5 分，报紧错扣 0.5 分，掉落扣 1 分，未做扣 1 分
			（10）稳定杆连杆×悬架（6×13DT25 N·m）	选用工具不正确扣 0.5 分，扳力紧时打滑扣 0.5 分，方向不正确扣 0.5 分，手工具碰到车身零件扣 0.5 分，报紧错扣 0.5 分，掉落扣 1 分，未做扣 1 分
			（11）球形接头（4×17MDT50 N·m）	选用工具不正确扣 0.5 分，扳力紧时打滑扣 0.5 分，方向不正确扣 0.5 分，手工具碰到车身零件扣 0.5 分，报紧错扣 0.5 分，掉落扣 1 分，未做扣 1 分
			18）动力传动液（齿条和小齿轮型）	
			（1）检测是否泄漏（齿轮箱）	未用手摸扣 0.5 分，检查错扣 1 分
			（2）检测是否泄漏（PS 叶轮泵）	未用手摸扣 0.5 分，检查错扣 1 分
			（3）检测是否泄漏（液体管路和接头处）	未用手摸扣 0.5 分
			（4）检测动力转向软管的裂纹或其他损坏	未用手摸扣 0.5 分
			19）传动皮带	
			（1）检查是否变形	目测检查未到位扣 0.5 分，未做扣 1 分
			（2）检查是否损坏（磨损、裂纹脱层或其他损坏）	未做扣 1 分
			（3）检查安装状况（传动带张力检查）（偏移：8～10 mm；张紧力：200 N）	未检查每个位置安装状况扣 0.5 分，张紧力手压部位不正确扣 0.5 分，报错扣 0.5 分，未检查扣 1 分
			20）发动机油排放塞	
			（1）更换排放塞垫片	未拆垫片扣 0.5 分，未清洁扣 0.5 分，未换扣 1 分
			（2）安装排放塞（39 N·m）	手未旋紧排放塞扣 0.5 分，套筒选错扣 0.5 分，扭矩不当扣 0.5 分，操作不到位扣 0.5 分，未紧扭矩扣 1 分
			（3）更换发动机油滤清器（手紧后再旋转 3/4 圈）	拆滤清器时滤清器掉落扣 1 分，油滴到地上扣 1 分，未润滑扣 0.5 分，未清洁扣 0.5 分，手紧后再旋转 3/4 圈未做扣 1 分
2. 举升准备				
			举升机	
			下降（OK 锁止正常）（降到顶起位置 4）	下降没报扣 0.5 分，汽车周围障碍物没检查扣 0.5 分，下降位置不到位扣 0.5 分

（四）顶起位置 4 [1/2]（注：将汽车举到与人胸口平齐的位置）顶起保养任务（共有 37 项）

作业记录					考核项目	评分标准
1. 制动系统						
	左前	左后	右前	右后	1）车轮轴承	
		√	√		（1）检查有无摆动	未上下左右晃动操作扣 0.5 分，未做扣 1 分
		√	√		（2）检查转动状况和噪声	车轮未转动扣 0.5 分，噪声未听扣 0.5 分
		√	√		（3）拆卸车轮	气管连接不正确扣 0.5，风动旋转方向未检查扣 0.5 分，风动锁止未检查扣 0.5 分，螺母掉落扣 1 分，拆顺序错扣 0.5 分，螺母未放整齐扣 0.5 分
					2）轮胎	
		√	√		（1）检查是否有裂纹和损坏	轮胎未转到一圈扣 0.5 分，未检查出扣 1 分
		√	√		（2）检查是否嵌入金属碎片和异物	未检查出扣 1 分
		√	√		（3）检查轮胎异常磨损	未检查出扣 1 分
		√	√		（4）检查钢轮损坏或腐蚀	未检查出扣 1 分
		√	√		（5）测量胎面后槽深度（ >3 mm）	未清洁对零深度计扣 0.5 分，未四道三点检测扣 0.5 分，未旋转到 120° 扣 0.5 分，测量结果错误扣 1 分
		√	√		（6）测量轮胎气压（前轮：180 kPa；后轮 190 kPa）	未旋开气门嘴盖扣 0.5 分，气压表未校零扣 0.5 分，气压表读数不正确扣 0.5 分，判断错误扣 1 分
		√	√		（7）检查轮胎漏气	肥皂水滴落扣 0.5 分，肥皂水未滴气门嘴扣 0.5 分，判断错误扣 1 分，气门嘴未清洁扣 0.5 分
	左前				3）盘式制动器	
					（1）清洁摩擦片	未两次清洁扣 0.5 分，未清洁扣 1 分
					（2）检查制动器摩擦片的不均匀磨损	未目视检查扣 0.5 分，未做扣 1 分
					（3）目视检查制动器摩擦片厚度（内侧）（标准：12 mm；极限 6 mm）	未目视检查内侧厚度扣 0.5 分，报数不正确扣 0.5 分，未检查扣 1 分
					（4）测量制动器摩擦片厚度（外侧）（标准：12 mm；极限 6 mm）	测量点不正确扣 0.5 分，读数不正确扣 0.5 分，报数不正确扣 0.5 分，未检查扣 1 分
					（5）临时安装两个车轮螺母	未安装扣 1 分，螺母掉落扣 1 分
					（6）清洁转子盘	内外有一侧没清洁扣 0.5 分，未清洁扣 1 分
					（7）检查盘式转子盘磨损和损坏	内外侧目视检查未做扣 1 分

续表 10.1

作业记录			考核项目	评分标准
			（8）检查盘式转子盘厚度（标准：20 mm；极限 17.80 mm）	未清洁千分尺扣 0.5 分，未校扣 0.5 分，未锁止扣 0.5 分，测量位置错扣 0.5 分，测量点数错扣 0.5 分，测量一点转子盘未清洁扣 0.5 分，测好后千分尺未清洁扣 0.5 分，千分尺未零位归位扣 0.5 分，读数不正确扣 1 分
			（9）检查盘式转子盘跳动量（≤0.05 mm）	未检查百分表扣 0.5 分，百分表安装不到位扣 0.5 分，预紧不到位扣 0.5 分，测量点错误扣 0.5 分，百分表未对零进行测量扣 0.5 分，转子盘转动没有一圈以上扣 0.5 分，量具未清洁扣 0.5 分，测量数据错误扣 1 分
			（10）检查从制动卡钳的制动液泄漏	未用手摸检查扣 0.5 分，未做扣 1 分
			（11）安装制动卡钳×制动泵螺栓（34 N·m）	螺栓安装不到位扣 0.5 分，套筒选用不当扣 0.5 分，扭矩不当扣 0.5 分，操作时碰到周围零件扣 0.5 分，未紧 2 个扣 0.5 分
	右后		4）盘式制动器或鼓式制动器	
			（1）清洁摩擦片	未两次清洁扣 0.5 分，未清洁扣 1 分
			（2）检查制动器摩擦片的不均匀磨损	未目视检查扣 0.5 分，未做扣 1 分
			（3）目视检查制动器摩擦片厚度（内侧）（标准：5 mm；极限：2.50 mm）	未目视检查内侧厚度扣 0.5 分，数据报不正确扣 0.5 分，未检查扣 1 分
			（4）测量制动器摩擦片厚度（外侧）（标准：5 mm；极限：2.50 mm）	测量点不正确扣 0.5 分，读数不正确扣 0.5 分，报数不正确扣 0.5 分，未检查扣 1 分
			（5）加错制动蹄滑动状况	手接触衬片扣 0.5 分，未晃动扣 0.5 分
			（6）检查制动蹄和背板和固定件之间接触表面的磨损	检查时未用螺丝刀顶起扣 0.5 分，漏检一个点扣 0.5 分
			（7）检查制动蹄和背板和固定件的锈蚀	检查时未用螺丝刀顶起扣 0.5 分，漏检一个点扣 0.5 分
			（8）检查从轮缸的制动液泄漏	未用手摸目视检查扣 0.5 分，未做扣 0.5 分
			（9）清洁制动器衬片	未两次清洁扣 0.5 分，未清洁扣 1 分
			（10）检查制动器衬片损坏	未目视检查扣 0.5 分，未做扣 1 分
			（11）测量制动器衬片厚度（标准 12 mm；极限：6 mm）	测量点不正确扣 0.5 分，读数不正确扣 0.5 分，报数不正确扣 0.5 分，未检查扣 1 分
			（12）清洁制动鼓（转子盘）	内外有一侧没有清洁扣 0.5 分，未清洁扣 1 分
			（13）检查转子盘厚度（标准：20 mm；极限：17.80 mm）	内外侧目视检查未做扣 1 分
			（14）检查转子盘跳动量（≤0.05 mm）	未检查百分表扣 0.5 分，百分表安装不到位扣 0.5 分，预紧不到位扣 0.5 分，测量点错误扣 0.5 分，百分表未对零进行测量扣 0.5 分，转子盘转动没有一圈以上扣 0.5 分，量具未清洁扣 0.5 分，测量数据错误扣 1 分
			（15）检查从制动卡钳的制动液是否泄漏	未用手摸检查扣 0.5 分，未做扣 1 分

续表 10.1

作业记录			考核项目	评分标准
			（16）制动分泵×背板螺栓（46.6 N·m）	螺栓安装不到位扣 0.5 分，套筒选用不当扣 0.5 分，扭矩不当扣 0.5 分，操作时碰到周围零件扣 0.5 分，未紧 2 个扣 0.5 分
			（17）紧固制动分泵×制动卡钳螺栓（34 N·m）	螺栓安装不到位扣 0.5 分，套筒选用不当扣 0.5 分，扭矩不当扣 0.5 分，操作时碰到周围零件扣 0.5 分，未紧 2 个扣 0.5 分
			（18）制动蹄间隙调整	未拆除孔塞扣 0.5 分，孔塞破裂扣 1 分，螺丝刀顶方向错误扣 0.5 分，未锁住制动鼓扣 0.5 分，未回调 8 个口扣 0.5 分，有拖滞扣 0.5 分，孔塞未装扣 0.5 分，未做扣 1 分
			（19）检查从制动卡钳的制动液是否泄漏	未用手摸检查扣 0.5 分，未做扣 1 分
			（20）安装制动分泵×背板螺栓（46.6 N·m）	螺栓安装不到位扣 0.5 分，套筒选用不当扣 0.5 分，扭矩不当扣 0.5 分，操作时碰到周围零件扣 0.5 分，未紧 2 个扣 0.5 分
			（21）紧固制动分泵×制动卡钳螺栓（34 N·m）	螺栓安装不到位扣 0.5 分，套筒选用不当扣 0.5 分，扭矩不当扣 0.5 分，操作时碰到周围零件扣 0.5 分，未紧 2 个扣 0.5 分
			（22）制动蹄间隙调整	未拆除孔塞扣 0.5 分，孔塞破裂扣 1 分，螺丝刀顶方向错误扣 0.5 分，未到锁住制动鼓扣 0.5 分，未回调 8 个口扣 0.5 分，有拖滞扣 0.5 分，孔塞未装扣 0.5 分，未做扣 1 分
2. 举升准备				
			举升机	
			下降（OK 锁止正常）（降到顶起位置 5）	下降没报扣 0.5 分，车辆周围障碍物没检查扣 0.5 分，下降位置不到位扣 0.5 分

（五）顶起位置 5 [1/1] （注：汽车举到离地面 20 cm 高度） 定期保养任务（共 5 项）

作业记录					考核项目	评分标准
1. 制动系统						
					1）驾驶人座椅	
					检查制动踏板和手动杆（拖滞检测准备工作）	检查方法与位置 1 一样，未做扣 1 分
					2）发动机室	
					（1）检查制动液（补充）	用手摇晃冷却罐扣 0.5 分，读数错误扣 0.5 分
	左前	左后	右前	右后	3）每个轮胎位置	
		√	√		检查制动器拖滞	双人配合不到位扣 0.5 分，检查错误扣 1 分
2. 举升准备						
					举升机	
					下降（OK 锁止正常）（降到顶起位置六）	举升没报扣 0.5 分，车辆周围障碍物没检查扣 0.5 分，举升位置不到位扣 0.5 分

（六）顶起位置 6 [1/1] （注：将汽车举到与人胸口平齐的位置）

作业记录					考核项目	评分标准
1. 制动系统						
	左前	左后	右前	右后	每个轮胎位置	
	√	√	√	√	（1）制动管路放空气	未拆除放空气盖扣 0.5 分，工具选择不正确扣 0.5 分，放空气装置安装不正确扣 0.5 分，双人配合不好扣 0.5 分，空气未放干净扣 1 分
		√	√		（2）拆除两个车轮螺母	螺母掉落扣 1 分，忘记拆螺母扣 1 分
		√	√		（3）车轮临时安装	双手抱轮胎动作不对扣 0.5 分，没将车轮一次性安装到轮毂上面扣 0.5 分，螺母上紧顺序不正确扣 0.5 分，螺母掉落扣 1 分，工具使用不当扣 0.5 分，未进行四轮换位扣 1 分
2. 举升准备						
					举升机	
					下降（OK 锁止正常）（降到顶起位置 7）	下降没报扣 0.5 分，车辆周围障碍物未检查扣 0.5 分，下降位置不到位扣 0.5 分

（七）顶起位置 7 （注：汽车在地面位置） 定期保养任务（共有 29 项）

作业记录		考核项目	评分标准
1. 发动机起动前			
	左	1）驻车制动器和车轮挡块	
		（1）使用驻车制动器	驻车制动杆未拉起扣 1 分
		（2）安装车轮挡块	任意车轮前后，要求必须和车轮外边缘平齐，不允许超过车轮，否则扣 0.5 分，如其中一个挡块未安装扣 1 分
		（3）安装尾气管	未双手安装扣 0.5 分，掉落扣 0.5 分，未安装扣 1 分
		2）发动机油	
		加注发动机油（3.5 L）	未拿毛巾扣 0.5 分，加机油从站位不对扣 0.5 分，机油倒出扣 0.5 分，加油加注量不正确扣 0.5 分，加注完未清洁扣 0.5 分，未擦扣 0.5 分，机油盖未盖扣 0.5 分
		3）喷洗液	
		检查液位	液位标尺线，要求标尺拉出能看见标记状态，标尺拉出长度不够，无法看见液位尺标线扣 0.5 分，有液体滴落扣 0.5 分，未擦扣 0.5 分，读数错误扣 1 分

续表 10.1

作业记录		考核项目	评分标准
		4）发动机冷却液	
	√	（1）排放发动机冷却液	排放不干净扣 0.5 分，操作不当扣 0.5 分
	√	（2）加注发动机冷却液	操作不当扣 0.5 分，加注量不当扣 0.5 分
		5）散热器盖	
	√	（1）测量阀门开启压力（74～103 kPa）	旋开盖子没停扣 0.5 分，压力检测仪未检查扣 0.5 分，操作不当扣 0.5 分，读数不正确扣 0.5 分
	√	（2）检查真空阀冷却情况	未检查扣 2 分，检查不到位扣 0.5 分
	√	（3）检查香蕉密封件裂纹和其他损伤	未目视检查扣 0.5 分
		6）火花塞	
	√	更换（见车与调整间隙）（间隙：1.0～1.1 mm；紧固扭矩：32 N·m）	高压线拆除不当扣 0.5 分，火花塞专用工具选择不当扣 0.5 分，间隙检查不当扣 0.5 分，如不正确未更换扣 1 分，火花塞安装不当扣 0.5 分，紧固力扭不当扣 0.5 分
		7）活性炭罐	
		（1）检查是否损坏	未目视检查个表面扣 0.5 分，未做扣 1 分
	√	（2）检查止回阀的工作状况	未做扣 1 分
		8）制动液	
		（1）检查总泵内液面（储液罐）	用手摇晃冷夜罐扣 0.5 分，读数错误扣 0.5 分
		（2）检查总泵液体泄漏	未用手摸检查扣 0.5 分，检查位置不当扣 0.5 分
		9）制动管路	
		（1）检查液体是否泄漏	用手摇晃冷液罐扣 0.5 分，读数错误扣 0.5 分
		（2）检查制动器管和软管是否有裂纹和损坏	未用手摸检查扣 0.5 分
		（3）检查制动器软管和管的安装情况	未用手摸检查扣 0.5 分
		10）离合器液	
		（1）检查总泵（储油罐）内液面（与制动总泵储液罐共用）	用手摇晃冷夜罐扣 0.5 分，读数错误扣 0.5 分
		（2）检查离合器各个零件的液体是否泄漏	未用手摸检查扣 0.5 分
		11）空气滤清器芯	
		更换（检查）	拆除空气滤清器不当扣 0.5 分，未正反面检查滤芯扣 0.5 分，未更换空虑扣 1 分，空滤座未清洁扣 0.5 分，安装位置不当扣 0.5 分
		12）蓄电池	
		（1）检查电解液液位	未用手电筒扣 0.5 分，未照检查 4 个面扣 0.5 分
		（2）检查蓄电池盒损坏	未用手电筒扣 0.5 分，未照检查 4 个面扣 0.5 分
		（3）检查蓄电池端子腐蚀	未打开盖子扣 0.5 分，未用手摸检查扣 0.5 分

续表 10.1

作业记录		考核项目	评分标准
		（4）检查蓄电池端子导线松动	未用手摸检查扣 0.5 分，未晃动扣 0.5 分
		（5）检查通风孔塞损坏	未检查 6 个扣 0.5 分，检查错误扣 0.5 分
		（6）检查通风孔堵塞	未检查 6 个扣 0.5 分，检查错误扣 0.5 分
		（7）（测量 1 格密度）密度值：标准 1.25~1.28 g/cm	密度计未校零扣 0.5 分，密度计未清洁扣 0.5 分，密度计未调节焦距进行测量扣 0.5 分，电解液滴落扣 1 分，密度计读数不正确扣 1 分，密度计就未清洁归位扣 0.5 分，通风孔塞未安装扣 1 分
		13）前减振器的上支承	
		检查前减振器上支承的松动（39 N·m）	选用工具不正确扣 0.5 分，扳力紧时打滑扣 0.5 分，方向不正确扣 0.5 分，手工具碰到车身零件扣 0.5 分，报紧错扣 0.5 分，掉落扣 1 分，未做扣 1 分
2. 起动发动机和发动机暖机期间			
左	右	1）轮毂螺母的再紧固	
	√	（1）旋紧车轮（前）（110 N·m）	工具选择不正确扣 0.5 分，扭矩选择不当扣 0.5 分，操作姿势不当扣 0.5 分，用力方法不当扣 0.5 分，操作顺序不当扣 0.5 分，碰到车身扣 1 分
√		（2）旋紧车轮（后）（110 N·m）	工具选择不正确扣 0.5 分，扭矩选择不当扣 0.5 分，操作姿势不当扣 0.5 分，用力方法不当扣 0.5 分，操作顺序不当扣 0.5 分，碰到车身扣 1 分
		2）PCV 系统	
		（1）检查 PCV 阀的工作情况	未用手摸检查两次扣 0.5 分，检查位置不正确扣 0.5 分，未检查扣 1 分
		（2）检查软管裂纹和损坏	未用手摸检查扣 0.5 分
		3）发动机冷却液	
		（1）检查从散热器是否泄漏	未用手电筒，未手摸检查扣 0.5 分
		（2）检查橡胶软管是否泄漏	未用手电筒，未手摸检查扣 0.5 分
		（3）检查软管夹周围是否泄漏	未用手电筒，未手摸检查扣 0.5 分
		（4）检查散热器盖是否泄漏	未用手电筒，未手摸检查扣 0.5 分
		（5）检查橡胶软管裂纹、凸起和硬化	未用手电筒，未手摸检查扣 0.5 分
		（6）检查橡胶软管连接松动	未用手电筒，未手摸检查扣 0.5 分
		（7）检查夹箍安装松动	未用手电筒，未手摸检查扣 0.5 分

续表 10.1

作业记录	考核项目	评分标准
3. 发动机暖机后（并运转）		
	1）自动传动桥液	
	检查液位	换挡位置顺序不当扣 0.5 分，挡位换好后未报 OK 扣 0.5 分，油尺标线，注意油尺不上扬，机油加注量以油尺 3/4 上线，在抽出状态检查，否则扣 0.5 分，有液体滴落扣 0.5 分，未擦扣 0.5 分，读数错误扣 1 分
	2）空调	
	检查空调制冷剂量	未打开空调扣 0.5 分，风速未最大扣 0.5 分，制冷未最冷扣 0.5 分，车门未打开扣 0.5 分，车门打开角度不一致扣 0.5 分，空调观察孔检查不到位扣 0.5 分，车门未关扣 0.5 分，空调未关扣 0.5 分，检查错误扣 1 分
	3）动力传动转向液	
	（1）测量液量	未将转向打到左边和右边的极限位置扣 0.5 分，打好方向后转向盘未回正扣 0.5 分，手摇晃冷液罐扣 0.5 分，检查错误扣 1 分
	（2）检查是否有液体泄漏	未用手摸检查扣 0.5 分
4. 发动机停止后		
	1）动力转向液	
	测量液位（检测与发动机转动时的差别）	未有听辅助人员口令扣 0.5 分,未熄火扣 0.5 分，有摇晃冷液罐扣 0.5 分，读数错扣 0.5 分
	2）发动机油	
	检查发动机油位	油尺标线，注意油尺不上扬，机油加注量以油尺 3/4 上线，在抽出状态检查，否则扣 0.5 分，有液体滴落扣 0.5 分，未擦干扣 0.5 分，读数错误扣 1 分
	3）气门间隙	
	调整气门间隙（气门间隙检查）	使用厚度规检查和调整气门间隙
	4）空调	
	（1）检查空调制冷剂泄漏	未用手摸检查扣 0.5 分
	（2）检查发动机冷却液	
	（3）检查冷却液液位（散热器）	用手摇晃冷液罐扣 0.5 分，读数错误扣 0.5 分
	（4）检查冷却液液位（储油罐）	用手摇晃冷液罐扣 0.5 分，读数错误扣 0.5 分
	5）燃油滤清器	
	更换	燃油滤清器更换操作，未换扣 1 分
	6）尾气管	
	拆除尾气管	未用双手拆扣 0.5 分，盖子未拆扣 0.5 分，未复位扣 0.5 分

续表 10.1

作业记录			考核项目	评分标准
5. 举升准备				
			1）举升准备	
			（1）举升（OK 锁止正常）（吧车举到离地面 10 cm）	举升没报扣 0.5 分，车辆周围障碍物没检查扣 0.5 分，举升位置不到位扣 0.5 分
			（2）检查车身安全	前后车身安全未检查扣 1 分
			（3）拆除车轮挡块	挡块未拆除扣 1 分，未放置到位扣 0.5 分
			（4）再次检查举升机支架和锁止	支架安装情况未查，锁止未查扣 1 分
			（5）举升（OK 锁止正常）（举升到顶起位置 8）	举升没报扣 0.5 分，车辆周围障碍物没检查扣 0.5 分，举升位置不到位扣 0.5 分

（八）顶起位置 8 [1/1] （注：将汽车举到过人头顶 10 cm 高度）定期保养任务（共有 13 项）

作业记录			考核项目	评分标准
1. 底 盘				
			最终检查	
			（1）发动机机油泄漏	未用手电检查扣 0.5 分，未检查到位扣 0.5 分
			（2）制动器液泄漏	未用手电筒检查到位扣 0.5 分，漏检扣 0.5 分，未做扣 1 分
			（3）更换零件等的安装状况	未检查排放塞，机油滤清器扣 0.5 分
2. 举升准备				
			举升机	
			下降（OK 锁止正常）（降到顶起位置 9）	下降没报扣 0.5 分，车辆周围障碍物没检查扣 0.5 分，下降位置不到位扣 0.5 分

（九）顶起位置 9[1/1] （注：汽车在地面位置） 定期保养任务（共有 11 项）

作业记录			考核项目	评分标准
1. 恢复/清洁				
			1）恢复/清洁	
			（1）调整收音机、时钟、座椅位置等	未调节收音机扣 0.5 分，未调节时钟扣 0.5 分，未调节座椅扣 0.5 分

续表 10.1

作业记录	考核项目	评分标准
	（2）清洁车身内部、烟灰缸等	未清洁各个驾驶室按钮，变光器开关，雨刮器开关、顶灯开关、换挡杆、手制动杆等部件按钮每样扣 0.5 分，烟灰缸两个少检查一个扣 0.5 分，烟灰缸未拿出来检查扣 0.5 分，如有烟灰未倒扣 0.5 分
	（3）拆除转向盘套	未拆转向盘套扣 1 分
	（4）拆除座椅套	未拆座椅套扣 1 分
	（5）拆除地板垫	未拆地板垫扣 1 分
	（6）拆卸翼子板布	动作错误扣 0.5 分，掉落扣 0.5 分，叠放不整齐扣 0.5 分
	（7）拆卸前格栅布	动作错误扣 0.5 分，掉落扣 0.5 分，叠放不整齐扣 0.5 分
	（8）关闭发动机舱盖	轻轻放下，双手在中间轻轻按下，否则各扣 0.5 分
	（9）清洁车身	清洁车身部位不到位扣 0.5 分，未清洁扣 1 分
	（10）拆除举升机支架	四个支架有一个没有归位扣 0.5 分
	（11）整理清洁所有设备工具	三件套、油筒、滤清器、排放塞垫片、手套、抹布等废弃物未处理一样扣 0.5 分，设备有一样未归位扣 0.5 分

三、评价与反馈

1. 任务实施考核成绩评定（表 10.2）

表 10.2　汽车 20 000 公里保养单实作考核

考核项目及分值	考核内容	评分标准	评分记录
准备工作 10 分	清洁工量具及其工作台	（1）未清洁工量具扣 1 分； （2）未清洁工作台扣 1 分	
方向盘及助力油检查 20 分	（1）正确检查方向盘自由行程； （2）正确检查方向盘锁止； （3）正确检查转向助力油； （4）正确检查方向盘摆动	（1）未正确检查方向盘自由行程扣 5 分； （2）未正确检查方向盘锁止扣 5 分； （3）未正确检查助力油扣 5 分； （4）未检查方向盘摆动扣 5 分	
转向器总成螺栓检查 30 分	正确检查转向器总成各个连接螺栓	（1）未拉杆球节扣 10 分； （2）未转向节固定螺栓扣 10 分； （3）未转向器总成固定螺栓扣 10 分	
转向传动机构检查 30 分	（1）正确检查转向机构防尘套； （2）正确检查转向传动轴； （3）正确检查防尘套卡箍安装情况； （4）正确检查转向器总成	（1）未正确检查转向机构防尘套扣 2 分； （2）未正确检查转向传动轴扣 2 分； （3）未正确检查防尘套卡箍安装情况扣 3 分； （4）未正确检查转向器总成	
收尾工作 10 分	（1）清洁工具、量具、工作台； （2）工、量具应摆放整齐	（1）未清洁扣 1～3 分； （2）未摆放整齐扣 1 分	
考核时限	完成全部考核内容规定用时为 20 分钟	（1）超时每分钟扣 5 分； （2）超时 5 分钟即停止记分	

2. 任务过程评价与反馈（表 10.3 和表 10.4）

表 10.3 任务过程评价（教师填写）

考核项目	评分标准	分数	成绩	过程评价
劳动纪律	有无迟到、早退和旷工	5		
团队合作	是否和谐	5		
活动参与	是否精彩	5		
安全生产	有无安全隐患	10		
方案制定	是否正确	15		
操作过程	是否正确、熟练	30		
任务质量	是否圆满完成	5		
工具、设备使用	是否规范、标准	10		
工单填写	是否完整、规范	5		
现场 5S	是否做到	10		
总　分		100		

注：没有按照操作流程操作，出现人身伤害或设备严重事故，本任务考核结果为 0 分。

表 10.4 任务过程反馈（学生填写）

反馈内容	回答
你是否完成本学习任务，并得到老师的确认?	
你是否能准确有效地收集、分析和组织完成资料，正确地交流信息?	
你是否已经掌握预期的知识和必备的技能?	
你是否充分使用学习资源和按计划有组织地完成任务?	
操作完成水平： 上述表格中的项目应为肯定回答。若不是，应咨询老师。你可以要求附加相关活动，以便完成相关的操作技能。 教师签字：________ 学生签字：________ 完成日期：________	

参 考 文 献

[1] 杨彦红. 汽车维护[M]. 北京：人民交通出版社，2012.

[2] 郭远辉. 汽车维护[M]. 2版. 北京：人民交通出版社，2012.

[3] 张立新. 汽车维护[M]. 北京：人民交通出版社，2011.

[4] 无锡汽车工程学校. 汽车维护理实一体化教材[M]. 北京：人民交通出版社，2011.

[5] 宁波市鄞州职业高级中学. 汽车维护实训教材[M]. 北京：人民交通出版社，2009.